Erhard F. Freitag

mit

Hildegard Michel

Heilende Gedanken

Affirmationen für ein
erfülltes Leben

Knaur
MensSana

Herausgegeben von
Hans Christian Meiser

Besuchen Sie uns im Internet: www.droemer-knaur.de
Alle Titel aus dem Bereich MensSana finden Sie im Internet unter
www.knaur-mens-sana.de

Originalausgabe 2003

Umschlaggestaltung: ZERO Werbeagentur, München
Umschlagabbildung: Zefa
Satz: Ventura Publisher im Verlag
Druck und Bindung: Nørhaven Paperback A/S
Printed in Denmark
ISBN 3-426-87210-2

2 4 5 3 1

Inhaltsverzeichnis

Vorwort

Liebe Leserin, lieber Leser!

»Im Anfang war das Wort,/ und das Wort war bei Gott,/ und das Wort war Gott ... Und das Wort ist Fleisch geworden« – mit diesen Worten beginnt das Evangelium nach Johannes. Mit unserem Buch möchten wir Sie dazu ermutigen, diese Aussage wörtlich zu nehmen und ihren Wahrheitsgehalt auf den Prüfstand zu stellen. Wenn Sie später gelernt haben, die Macht des Wortes anzunehmen und heilende Gedanken zu erzeugen, dann werden Sie zu den vielen Menschen gehören, die durch diese Methode ihr Glück und ihren Frieden gefunden haben. Richten Sie dabei Ihr Denken auf den universellen Schöpfergeist. Auf diese Weise beziehen Sie das »Oben« in Ihr Weltbild mit ein, und es wird leichter und leichter werden, an der Schönheit und Vielfalt des Daseins teilzuhaben.

In der nachfolgenden Einführung stellen wir Ihnen vor, auf welche Weise heilende Gedanken angewendet werden können, damit sich in Ihrem Leben all Ihre Ziele verwirklichen lassen.

Einführung

Heilende Gedanken in Form von Affirmationen sind in tiefer Zuversicht gelesene, gesprochene oder gedachte Formeln; zugleich sind sie Autosuggestionen, die verwendet werden, unser Unterbewusstsein durch die positive Ausdrucksweise auf Erfolgskurs zu programmieren. Wir möchten alle Leser dazu ermutigen, sich der Kraft des Vertrauens zu bedienen, um sich, unter Zuhilfenahme der in diesem Buch enthaltenen Affirmationen, den Wunsch nach Liebe, Glück, Erfolg, Gesundheit und Frieden zu erfüllen.

Der universelle Schöpfergeist stellt die Fülle seiner unbegrenzten Möglichkeiten allen Menschen zur Verfügung und wartet nur darauf, auch Ihr Leben in jeder Hinsicht neu und positiv zu gestalten. Damit er seine kreativen Kräfte einsetzen kann, müssen Sie ihm klar und deutlich übermitteln, wonach Sie sich schon so lange sehnen. Affirmationen sind hervorragende Hilfsmittel für die Klärung Ihrer Bedürfnisse, doch sie führen nur dann zum Erfolg, wenn Sie auch wirklich an die Erfüllung Ihrer Wünsche glauben.

Es ist Ihr Glaube, der Berge versetzt, und Ihr Vertrauen, das Brücken baut, um Sie so der Verwirklichung Ihrer Ziele immer näher zu bringen, aber es sind Ihre Befürchtungen, die Ihnen Steine in den Weg legen, und Ihre Zweifel, die verhindern, dass Sie erhalten, wonach Ihr Herz dürstet. Solange Sie glauben, krank zu sein, solange werden Sie es auch sein. Sobald Sie glauben, wieder gesund zu werden, sind Sie bereits auf dem Weg der Besserung. Die Qualität Ihres Lebens wird durch Ihren Glauben bestimmt, in positiver wie in negativer Hinsicht. Ein universelles Gesetz besagt, dass das, was lange genug als Gedanke gehegt und gepflegt wurde, alsbald als Tatsache an die Tür klopft. Immer wiederkehrende Befürchtungen, ausgesprochen oder gedacht, erzeugen negative Kräfte, die, angezogen durch Ihre Gedankenenergie, mit Sicherheit einen Weg in Ihre Existenz finden. Wenn Sie diese Grundsätzlichkeit annehmen können und so den nagenden Zweifeln und den alles lähmenden Ängsten in Ihrem Leben keinen Raum mehr lassen, dann werden Ihre Wünsche durch die von Ihnen gewählten Affirmationen sehr bald in Erfüllung gehen. Richten Sie also deshalb Ihre Aufmerksamkeit so lange auf die Verwirklichung Ihrer Vorstellungen, bis Sie gänzlich davon überzeugt sind, dass Ihre Gedankenkraft Ihr Wollen wahr macht. Bald werden Sie feststellen können, wie sich in Ihrem Leben positive Veränderungen einstellen. Trotz der Vielfalt der angebotenen Affirmationen in diesem Werk können Sie durchaus auch Ihre eigenen Formulierungen kreieren. Diese sollten relativ kurz, leicht nachzusprechen und flüssig im Stil sein.

Um mit dem Affirmieren zu beginnen und mit Hilfe der heilenden Gedanken in ein neues und besseres Leben zu starten, wären einige Tage Freizeit oder eine entspannte Atmosphäre in angenehmer Umgebung ein geeigneter Rahmen. Für die erfolgreiche Anwendung und die Erfüllung Ihrer Wünsche sollte das aber nicht als Voraussetzung angesehen werden, denn für eine Verbesserung der Lebensumstände durch positive Gedankenenergie ist immer der richtige Zeitpunkt gegeben, also auch dann, wenn

Sie gerade keinen Urlaub oder Ferien machen können. Lesen Sie das Inhaltsverzeichnis in aller Ruhe durch, und nehmen Sie aus dem Angebot solche Affirmationen heraus, die für Sie in Ihrer momentanen Situation besonders zutreffend sind. Ob sie die heilenden Gedanken dann auswendig lernen und sie wie Zauberformeln einige Male wiederholen oder sie meditativ immer wieder nachlesen – das Resultat bleibt das gleiche. Gönnen Sie sich für Ihre individuellen Affirmationen, wenn möglich, zweimal täglich etwa zwanzig Minuten Zeit. Denken oder sprechen Sie die Bekräftigungen (lat. affirmare = bekräftigen) am besten immer zur gleichen Tageszeit, denn dadurch ergibt sich eine Gewohnheit, und es wird Ihnen zunehmend leichter gelingen, sich auf das Erwünschte zu konzentrieren. Es wäre gut, die gewählten Affirmationen so oft wie möglich zu wiederholen, damit sie sich tief in Ihr Unterbewusstsein einprägen und dadurch das suggestive Potenzial zu seiner vollen Entfaltung kommen kann. Wenn Sie sich entspannen und alle anderen Vorstellungen während dieser Zeit aus Ihren Gedanken entlassen, werden Ihre Worte von Ihrem Unterbewusstsein leichter angenommen. Sie können Ihren Affirmationen zusätzlich eine ganz besondere Kraft verleihen, wenn Sie diese, sooft es Ihre Zeit erlaubt, vor einem Spiegel sprechen. Sie sehen sich dabei selbst in die Augen und wiederholen die gewählten Formeln jeweils mindestens sieben Mal. Diese Form des Umgangs mit den heilenden Gedanken könnte jeden Tag, besonders in den Morgen- oder Abendstunden, zu einem wunderschönen und nicht mehr wegzudenkenden Ritual in Ihrem Leben werden, das durch das Licht einer Kerze noch verstärkt wird. Sie wiederholen Ihre Worte stets so oft, wie es Ihnen richtig und wichtig erscheint, jedoch immer mindestens sieben

Mal. Die tägliche Eigenprogrammierung der positiven Gedankenenergie sollte in eine schöne, wenn möglich sogar etwas feierliche Rahmenhandlung eingebunden sein. Ihrer Phantasie und Ihrem Ideenreichtum beim Finden oder Erfinden eigener Rituale sind dabei keine Grenzen gesetzt. Wichtig und unbedingt für den Erfolg Ihrer Affirmationen zu beachten ist aber in jedem Fall, dass Sie die Bedeutung der gesprochenen oder gedachten Worte bewusst in Ihrem Innersten empfinden und zuversichtlich und gelassen den künftigen Ereignissen Ihres Lebens entgegensehen. Umso leichter werden dann die gewünschten Veränderungen eintreten und Ihre Vorstellungen Wirklichkeit.

Ausschlaggebend für das Gelingen des Affirmierens ist, dass die Formulierungen möglichst im Präsens, also in der Gegenwartsform, angewandt werden. Wünschen Sie sich dabei nichts, was irgendwann einmal sein soll, denn damit wird das positive Ergebnis unnötig verzögert. Affirmieren Sie also möglichst nicht »Ich werde gesund«, sondern besser »Ich bin gesund«. Halten Sie Ihre Ansagen kurz und einfach, und sprechen Sie Ihre Worte in der festen Überzeugung, dass Sie erhalten werden, was Sie begehren. Vermeiden Sie Formulierungen, die Widerstand in Ihnen auslösen, denn dann wird es für Sie schwierig, wirklich von der Erfüllung Ihrer Wünsche überzeugt zu sein. Wenn Sie nicht glauben können, dass Sie reich sind (»Ich bin reich«), dann formulieren Sie zum Beispiel: »Mir geht es jeden Tag in jeder Hinsicht immer besser.« Vertrauen Sie Ihrer Gedankenkraft und affirmieren Sie, was Ihnen jetzt noch unerreichbar erscheint. Doch dabei sollten Sie nicht allzu viele Details vorgeben, denn die göttliche Weisheit in Ihnen kennt den richtigen Weg zu Ihren Zielen ganz genau. Es ist nicht Ihr Wollen, und es sind nicht die häufigen Wiederholungen, die Ihre Gedanken erfolgreich sein lassen, sondern es ist Ihr Vertrauen in die universellen Gesetze, dass auch Sie ein Recht darauf haben, in dieser Welt glücklich und zufrieden leben zu können. Es sind die bildhaften Vorstellungen, die durch die ständigen Wiederholungen Ihrer positiven Ansagen in Ihnen entstehen und Sie somit an die Verwirklichung einer besseren Zukunft glauben lassen. Stellen Sie sich also vor, was werden soll, und lassen Sie die Bilder vor Ihrem inneren Auge entstehen, fühlen Sie die positive Veränderung, und freuen Sie sich darüber, dass die heilenden Gedanken Ihnen ein erfülltes Leben bescheren werden.

Wenn ich an mein Glück glauben kann
und mein Glaube daran felsenfest ist,
dann werde ich erhalten,
wonach mein Herz sich sehnt.

Affirmationen für die Lebensfreude

Dankbarkeit empfinden

Gott hält Seine schützende Hand über mich
und erfüllt mein Herz mit Seiner Liebe.
Ich danke Ihm dafür.

* * *

Ich bin dankbar,
dass ich durch deine Liebe mein Glück in mir gefunden habe,
und ich gebe der Welt, was mir zuteil wurde.

* * *

Ich weiß, dass ich in meinem Innersten vollkommen bin
und eins mit der unendlichen Liebe des Schöpfers.
Dafür bin ich dankbar.

* * *

Ich fühle mich am Ziel meiner Wünsche und sage von Herzen Dank.
Mein sehnlichstes Streben nach (......*) ist erfüllt,
und ich bin froh und glücklich darüber.

* * *

* Wunschvorstellung einsetzen

Hab Dank für deine Liebe, für deine Fürsorge.
Ich will mich dir öffnen, mich dir hingeben und dir vertrauen.

* * *

Ich danke dafür, dass ich gesund bin.
Ich danke dafür, dass es mich gibt.
Ich danke dafür, dass ich erfolgreich bin.
Ich danke für alles, was ich bin und was ich habe.
Danke, dass ich sein darf, wie ich bin.

* * *

Ich stehe in intensiver Verbindung mit allem,
was um mich herum geschieht.
Göttliches Licht erleuchtet meine Seele
und breitet sich aus in meinem ganzen Sein.

* * *

Eigenverantwortung übernehmen

Ich denke und handle in eigener Verantwortung.
Ich weiß, was ich zu tun habe.

* * *

Ich fühle mich jetzt vollkommen frei,
weil ich Gott darum gebeten habe,
die Folgen meiner Irrtümer in meinem Geist aufzulösen.

* * *

Ich übernehme die Verantwortung
für meine Gedanken, Worte und Werke.
Das Leben ist das, was ich daraus mache.

* * *

Die Probleme in meinem Leben sind Herausforderungen.
Sie helfen mir,
mich eigenverantwortlich und bewusst handeln zu lassen.

* * *

Mit Freude und in der Gewissheit,
von deiner Liebe getragen zu sein,
übernehme ich ab sofort die volle Verantwortung
für mein Leben.

* * *

Weil ich selbst Regie in meinem Leben führe,
übernehme ich auch die Verantwortung für das,
was ist, und in gleicher Weise auch für das, was sein wird.

* * *

Ich trage mit meinem Denken und Tun dazu bei,
diese Welt positiv zu gestalten.
Deshalb spreche und handle ich
im vollen Bewusstsein meiner Verantwortung.

* * *

Hingabe leben

Mein Leben ist Freude
und immerwährende neue Freude.
Und so gebe ich mich dem Leben mit Freude hin.

* * *

Ich bin am Ort meiner Bestimmung.
Hier bin ich glücklich.

* * *

Ich schenke mich der Welt, und was ich zurückerhalte,
ist grenzenlose Freude, wo immer ich sie annehmen will.

* * *

Ich ruhe in mir.
Dieser Gedanke bringt mir das Glück, das ich suche.

* * *

Ich erwarte mit großer Freude,
dass du mir auch heute wieder deine Liebe schenkst
und mich an deinem Leben teilhaben lässt.

* * *

Heute ist der Tag,
an dem ich ein schöneres Leben beginne
und in eine frohe Zukunft schaue.
Ich weiß, dass alles gut werden wird.

* * *

Heute will ich die Liebe kennen lernen,
und ich werde sie überall finden.
Mit meinem Lächeln möchte ich
meine Mitmenschen erfreuen.

* * *

Gelassen sein

Gott gibt mir alles, was ich brauche,
damit ich mich verwirklichen kann,
also bin ich gelassen und habe Zeit
für mich und meine Welt.

* * *

Es ist wundervoll,
dass die goldenen Jahre meines Lebens vor mir liegen.
Alles, was ich bisher nur bedingt leben konnte,
entwickle ich nun zur Reife.

* * *

Ich vollende alles Begonnene in Ruhe und Gelassenheit.
Tiefe Freude ist in mir.
Mein ganzes Sein ist von inniger Lebenslust erfüllt.

* * *

Mit Geduld und fröhlicher Gelassenheit
reagiere ich auf die täglichen Herausforderungen.

* * *

Durch mein fröhliches Wesen
wirke ich beruhigend und besänftigend auf andere.
Der Friede und die Geduld in meinem Herzen helfen mir dabei.

* * *

Vertrauend auf das Licht der göttlichen Weisheit
begegne ich den Anforderungen meines Lebens
mit Ruhe und Gelassenheit.

* * *

Ich ruhe in mir.
Dieser Gedanke wird mich durch alle Stürme des Lebens
zur Gewissheit der Allgegenwart Gottes tragen.
Von Ihm komme ich, von Ihm zehre ich.
In Ihm habe ich mein Sein.
Er ist das Gesetz, ist alles in allem.

* * *

Hoffnung spüren

Ich trage Hoffnung in die neue Zeit
und bin geführt von der Gegenwart des einen Geistes,
der alles durchdringt und der alles geschaffen hat.

* * *

Glaube, Liebe und Hoffnung sind meine Begleiter.
Sie geben mir Kraft und Vertrauen auf meinem Weg.

* * *

Ich möchte helfen, dass Sein Reich komme
und dass Sein Wille geschehe,
bei mir und bei allen Menschen, in all Seinen Welten.

* * *

In Frieden möchte ich auf die Welt schauen,
die Seine Gedanken und auch die meinen spiegelt.

* * *

Wenn ich mein Einssein mit der Schöpfung erkenne,
werde ich an Körper, Seele und Geist gesunden.

* * *

Mein Hoffen und mein Sehnen sind
auf das Licht der Wahrheit gerichtet.
Es leuchtet so hell, dass ich es nicht verfehlen kann.

* * *

Voller Hoffnung sind meine Gedanken, Worte und Werke,
und mit Freude und Gelassenheit finde ich den richtigen Weg,
denn ich bin geleitet und geführt
vom großen Geist der göttlichen Weisheit.

* * *

Gutes tun

Ich sende liebende Gedanken aus
und erfahre Liebe von meinen Mitmenschen.

* * *

Ich begegne allen Menschen
offen, gerecht und ehrenhaft.

* * *

Ich tue Gutes,
und Gutes kommt zu mir zurück.

* * *

Jedes Wesen ist ein Ausdruck Deiner göttlichen Schöpfung.
Ich freue mich, in jedem Deiner Geschöpfe Dir zu begegnen.

* * *

Ich wünsche mir, von meinen Mitmenschen
geachtet und respektiert zu werden.
Deshalb begegne ich jedem Menschen
mit Achtung und Respekt.

* * *

Meinen Nächsten zu lieben will ich heute beschließen.
Ich mache mir das Wohlergehen meiner Mitmenschen
zur Aufgabe
und helfe, wo Hilfe nötig ist.

* * *

Weil ich mir wünsche, Erlösung zu erfahren,
gebe ich meinem Nächsten von Seiner Liebe.
Er hat mich geheißen, Liebe zu schenken
und andere zu lieben wie mich selbst.

* * *

Bewusst werden

Ich liebe mich so, wie ich bin,
und lebe mit Freude im Herzen
und im Bewusstsein meiner wahren Größe.

* * *

Ich bin eine starke, positive Persönlichkeit,
erfolgreich im Beruf und in der Gesellschaft.
Ich handle in diesem Geist.

* * *

Ich bin mir meiner selbst bewusst.
Ich weiß um meine Stärke, und ich nutze sie,
zu meinem Wohl und zum Wohle aller.

* * *

Meine Gedanken sind mächtig,
und ich erschaffe jetzt meine Persönlichkeit,
wie ich sie mir wünsche.

* * *

Heute will ich in vollem Bewusstsein
meiner Schöpferkraft und im Wissen um Seine Gegenwart
meine Welt neu erschaffen.

* * *

Wenn ich leide, dann sind es meine negativen Gedanken,
die ich schmerzlich erfahre.
Die Kraft meiner positiven Gedanken hilft mir dabei,
dem Leiden in meinem Leben ein Ende zu bereiten.

* * *

Auch ich bin ein Geschöpf Gottes,
und ich bin es wert, so wie ich bin
geliebt, geachtet und respektiert zu werden.

* * *

Zweifel überwinden

Niemand kann mir ohne meine Zustimmung
ein Gefühl der Unterlegenheit und Unsicherheit vermitteln.

* * *

Ich weiß, dass ich einmalig und gut bin.

* * *

Etwas Magisches geschieht, wenn ich mir treu bleibe.
Wenn ich zu mir stehe, dann gestalte ich mein Leben
erfolgreich, unabhängig und in eigener Regie.

* * *

Ich lasse jetzt alle Zweifel los und bin bereit,
im festen Glauben an mich
mit Zuversicht und Freude zu handeln.

* * *

Ich ruhe in mir.
Dieser Gedanke trägt mich
mit Gewissheit zu meinem Ziel.

* * *

Ich fühle Gottes Vertrauen in mich,
spüre Seinen wohlwollenden Blick auf mich gerichtet,
weiß, dass ich Heimat und Geborgenheit in Ihm finde
und derart gestärkt meinen Aufgaben gewachsen bin.

* * *

Gott gibt mir die Kraft,
die Zweifel zu überwinden
und den Weg des Vertrauens zu gehen.

* * *

Die Schöpfung wahrnehmen

Der Schöpfergeist ist in allem,
was ich sehen kann.
Er ist in jedem Menschen, der mir begegnet,
in jeder Geste, in jedem Wort.
Daran will ich täglich denken.

* * *

Ganz bewusst will ich heute die Welt in mich aufnehmen.
Ich werde nicht vorschnell urteilen,
sondern alles in Liebe und mit Güte ansehen.

* * *

Ich lasse meine Eigenmächtigkeiten los,
damit sich mein göttliches Selbst offenbaren kann.

* * *

Ich will mich an meine Kraft erinnern
und begreifen, wer mein göttlicher Schöpfer ist.

* * *

Die Geschenke Deiner Schöpfung sind überall um mich herum.
Ganz bewusst und voller Freude
nehme ich die Schönheit meines Daseins wahr.

* * *

Ich erkenne Gottes Liebe in mir.
Sie schenkt mir die Kraft zu einem frohen Leben.
Aus meinem Sehnen verliert sich, was ich nicht haben kann,
und meine Gedanken wandeln sich in die
Wertschätzung dessen,
was mir zur Verfügung steht.

* * *

Meine Augen, mein Herz und meine Hände sind offen,
um dort zu helfen, wo meine Hilfe gebraucht wird.

* * *

Ich bat Gott um eine Blume,
und Er gab mir einen Garten voller Rosen.
Ich fragte nach einem Baum,
und Er führte mich in einen Wald.
Ich sehnte mich danach,
an einem Fluss meinen Durst zu stillen,
und Er zeigte mir den Ozean.
Dann wünschte ich mir einen Freund,
und Er sandte dich zu mir.

(Verfasser unbekannt)

Affirmationen für Liebe und glückliche Beziehungen

Meine Weiblichkeit annehmen

Wenn ich in den Spiegel schaue,
dann sehe ich ein unnachahmliches Lächeln
voller Liebreiz und Wärme.
Ich nehme mich an, wie ich bin.

* * *

Ich bin ein vollkommener Ausdruck des Weiblichen.
Ich fließe mit dem Fluss des Lebens,
und alles ist gut.

* * *

Ich bin mir bewusst,
dass ich eine Göttin des Lebens bin.

* * *

Ich liebe mich, weil ich schön bin,
und erfreue mich der Beachtung anderer.

* * *

Unerschöpfliche Kraft durchströmt mich
und nimmt sichtbare Gestalt an
als Anmut und Schönheit.
Ich weiß, wer ich bin.

* * *

Geliebt zu werden und Liebe geben zu können
ist ein göttliches Geschenk an mich.
Dieses Geschenk weitergeben zu dürfen
ist mir Freude und Vergnügen gleichermaßen.

* * *

Ich bin bereit,
meine Weiblichkeit unbeschwert zu leben
und mir mein Bedürfnis nach Zärtlichkeit
zu gestatten.

* * *

Die Sexualität genießen

Ich genieße meine Sexualität.
Sie macht mich glücklich, bringt mir Freude und bereitet
mir Lust.

* * *

Meine Sexualität bedeutet mir große Freude.
Sie ist mir von der Natur als Geschenk gegeben,
damit mein Leben voller Zärtlichkeit und Lust
an mir und meinem Partner sei.

* * *

Ich bin so frei,
dass ich meine sexuellen Wünsche
auch ehrlich äußern kann und sie mit Lust erlebe.

* * *

Meine Sexualität macht mich frei, und ich erlaube mir,
sie zu genießen.

* * *

Ich gestatte mir, in meiner Sexualität in Ekstase zu geraten.
Sie trägt zur Erfüllung meines Lebens bei.

* * *

Zu lieben macht mich anziehend,
und ich genieße meine erotische Anziehungskraft.

* * *

Ich teile meine Lust zur Liebe mit (......*),
denn so kann sie wachsen und gedeihen.

* * *

* Name des Partners einsetzen

Eifersucht und Misstrauen überwinden

Ich liebe meinen Partner,
und deshalb gebe ich ihm seinen Freiraum.
Ich gestatte ihm, zu sein, wie er es für sich entschieden hat.

* * *

Ich sehe unsere Partnerschaft von Liebe und Harmonie erfüllt.
In mir wächst die Bereitschaft,
dir deine Freiheit zu geben.
Sie ist mein Ausdruck der Liebe.

* * *

Ich liebe meinen Partner, ohne ihn zu fesseln.
Ich lasse ihm Raum für seine Einzigartigkeit.

* * *

Die Liebe zu meinem Partner ist mein Geschenk an ihn,
und ich erwarte dafür keine Gegenleistung.
Seine Freiheit ist meiner Liebe erstes Gebot.

* * *

Ich kann den nicht halten, der nicht zu mir gehört,
und ich kann den nicht verlieren,
der den Platz an meiner Seite einnehmen soll.
Deshalb kann ich meine Liebe meinem Partner
ohne Misstrauen und Kontrolle schenken.

* * *

Liebe und Partnerschaft können nur
auf der Basis des Vertrauens wachsen.
Ich weiß, dass ich die Kraft zu diesem Vertrauen habe.

* * *

Wir erkennen
die gemeinsame Verantwortung für unsere Partnerschaft.
Deshalb gewähren wir uns gegenseitig Freiheit.

* * *

Für die Freundschaft einstehen

In tiefer Zuneigung und Freundschaft bin ich
mit (......*) verbunden.
Ich bete dafür, dass er eine Seele findet,
die zu ihm passt, die er lieben und ehren darf.

* * *

Ich hoffe,
dass (......*) unsere Freundschaft anerkennt
und er in ihr erblühen kann.

* * *

Ich gebe meinem geliebten Freund all das Glück,
die Freude und den Dank,
mit dem auch ich gesegnet wurde.

* * *

Ich hoffe, dass (......*) wohlgesinnte Menschen trifft,
die ihm Hilfe und Unterstützung sind.
Ich stehe für unsere Freundschaft ein.

* * *

* Name des Freundes/der Freundin einsetzen

Ich bitte Gott,
meinem Freund auch in schwerer Zeit Seine helfende Hand zu reichen.
Ich bitte Ihn um Seine Gnade, auf dass er in ihr Heilung findet.

* * *

Das Leben erteilt meinem Freund (......*) schwere Prüfungen.
Ich will ihm Kraft geben und an seiner Seite stehen.
Du wirst mir die Einsicht vermitteln,
wann ich schweigen und wann ich sprechen soll.
Sende mir zur rechten Zeit die richtigen Worte,
damit ich sein Herz erreichen und ihm Trost spenden kann.

* * *

Die Freundschaft zwischen (......*) und mir ist
durch Missverständnisse auf beiden Seiten schwer gestört.
Ich will den Weg durch das Dunkel unserer Uneinigkeiten finden,
damit unsere Freundschaft wieder im Licht der innigen Verbundenheit erstrahlen kann.

* * *

Den richtigen Partner finden

Ich hoffe, dass ein liebevoller Partner zu mir findet,
der mich versteht
und mit dem ich in eine glückliche Zukunft schreiten kann.

* * *

Ich bitte dich für uns beide:
Lass dich heute von deiner inneren Stimme führen,
lass es geschehen, dass wir uns heute begegnen.

* * *

Ich weiß, dass du da bist,
dass du mich suchst, so wie ich dich suche.
Ich bin bereit für dich.

* * *

Die höchste Intelligenz
geleitet mich heute zu meinem idealen Partner.

* * *

Mit meinem Lächeln schenke ich Freude und Anerkennung.
Mein Lächeln und meine Anmut werden uns einander
erkennen lassen
und uns in das Reich der Glückseligkeit geleiten.

* * *

Frei und klar blicke ich in die Zukunft.
Voller Dankbarkeit und Selbstvertrauen bin ich bereit
für meinen idealen Partner und eine Verbindung,
die von Gottes Geist gesegnet ist.

* * *

Mein Geliebter,
mein sehnsuchtsvolles Herz möchte sich
in zärtlicher Zweisamkeit mit dir verbinden.
Heute werde ich dir begegnen, und beide werden wir wissen,
dass wir füreinander bestimmt sind.

* * *

Verständnisvoll sein

Ich löse alle meine Aufgaben mit Liebe und Geduld.

* * *

Frei und glücklich sende ich meine Liebe zu
meinen Mitmenschen.

* * *

Im Tempel meiner Seele wohnen Liebe und Geduld,
Vertrauen, Zuversicht und Güte,
und mit diesen Kräften
baue ich eine Brücke für gegenseitiges Verstehen.

* * *

Die Fähigkeit, zu lieben und Lebensfreude zu schenken,
sowie mein guter Wille
sind meine vorherrschenden Eigenschaften.
Jede dieser Qualitäten soll Verständnis in die Welt tragen.

* * *

Wenn ich beginne, die Wahrheit zu ergründen,
dann erkenne ich,
dass die Liebe zu mir gehört und dass sie meine
wahre Natur ist.

* * *

Ich sehe Liebe überall dort,
wo ich sie bisher nicht wahrgenommen habe,
weil mir das Verständnis für andere fehlte.
Deshalb will ich meine Gedanken zur Liebe lenken.

* * *

Ich möchte mit dem wärmenden Feuer meiner Liebe
das Eis in den Herzen der Menschen zum Schmelzen bringen.

* * *

Ehe und Partnerschaft leben

Ich weiß, dass Gott die Liebenden schützt.
Deshalb ist Friede in mir,
und ich kann im Vertrauen und mit Zuversicht
an meine Partnerschaft denken.

* * *

In unserer liebevollen Zärtlichkeit und Zuneigung
können wir jeden Tag erkennen,
dass unsere Verbindung durch Gott gesegnet ist.

* * *

Ich will mir jetzt vergegenwärtigen,
dass unsere Liebe ein besonderes Geschenk ist
und eine Aufgabe gleichermaßen.
Ganz bewusst sollen wir uns dieser Gabe würdig erweisen.

* * *

Ich sehe uns in einer erfüllten Partnerschaft und weiß,
dass die Macht des Unterbewusstseins
diese Vision verwirklichen wird.

* * *

Heute will ich erneut meine Ehe bejahen.
Ich will mich an all das Schöne erinnern,
an die Harmonie unserer Zweisamkeit,
an unsere verbindenden Erlebnisse
und an die glücklichsten Momente unseres
gemeinsamen Lebens.

* * *

In Liebe gehe ich heute auf meinen Partner zu.
Unsere Beziehung wird durch meine Zuneigung
neu belebt.

* * *

Meine Bereitschaft, zu vergeben,
meine Friedfertigkeit und meine Leichtigkeit
lassen mich zu dem werden,
der auf das Beste unwiderstehlich wirkt.
Das Feuer unserer Liebe wird neu entfacht.

* * *

Trennungsschmerz überwinden

In unserer Trennung liegt die Hoffnung auf Freiheit.
Um sie dir und mir zu gewähren,
verabschiede ich mich heute liebevoll von dir.

* * *

Etwas Gutes ist für dich und mich unterwegs,
und wir wollen beide bereit sein, es jetzt zu empfangen.
Das Leiden, das wir uns gemeinsam schufen,
hat uns ausgehöhlt,
und dieser Raum will sich jetzt mit Freude füllen.

* * *

Freude und Leid kommen aus derselben Quelle,
haben ihren gemeinsamen Ursprung tief in unserem Inneren.
Ich danke dir für die guten Stunden an deiner Seite.

* * *

Unsere vergangene Gemeinsamkeit hat uns beide
wachsen lassen,
sodass wir uns jetzt loslassen können.
Nun kann jeder für sich einem neuen Glück begegnen.

* * *

Ein gütiges Schicksal lässt uns nun getrennte Wege gehen.
Ich denke an das Gute und wünsche dir von Herzen Frieden.
Lebe wohl!

* * *

Du hast dich entschlossen, deinen Weg ohne mich zu gehen.
Deine Entscheidung möge dir das Glück bringen,
das du für dich erhoffst.
Ich gebe dir die Freiheit und entlasse dich aus
meinen Gedanken,
damit auch ich frei für den Beginn eines neuen Lebens
sein kann.

* * *

Du bist auf die Reise in unsere himmlische Heimat gegangen,
und ich weiß, dass wir uns wiedersehen werden.
Ich bin mir sicher, dass du nun am Ziel deiner Sehnsucht bist.
Ich kann von nun an meine Trauer
immer mehr und besser loslassen und sie in Freude wandeln
durch die Gewissheit,
dass du nun fröhlich und ohne Leid und Schmerz
in der allumfassenden Liebe geborgen bist.

* * *

Treu sein

Die Gnade der Liebe hat uns beide zusammengeführt.
Gegenseitiges Verständnis, Vertrauen, Respekt und Treue
sollen die Grundmauern sein,
auf welchen das Haus unserer Partnerschaft steht.

* * *

In unserer Treue sind wir wie ein Kelch,
in den mehr und mehr bedingungslose Liebe einfließt.
Je mehr wir daraus trinken,
umso häufiger werden Wunder in unser beider Leben
geschehen.

* * *

Meine tiefe Liebe zu (......*) wächst von Tag zu Tag.
Wir führen eine erfüllte Beziehung, die von höchstem Glück
gekrönt ist.
Ich gebe mich vertrauensvoll in seine/ihre Hände
und übernehme auch für ihn/sie Verantwortung.
Wir sind erfüllt von Zärtlichkeit, Klarheit,
Wahrhaftigkeit und Treue.

* * *

* Name des Partners/der Partnerin einsetzen

Die Verlockungen des Lebens sind vielfältiger Natur,
doch ich glaube fest an unsere gemeinsame Bestimmung
und empfinde in meiner Treue und unserer Liebe
tiefe Freude und Erfüllung.

* * *

Gerade in diesen schweren Zeiten möchte ich
meiner Liebe zu dir treu bleiben.
Der große Geist der göttlichen Weisheit gibt mir die Kraft,
diese Klippen des Lebens als starker Kamerad an deiner Seite
zusammen mit dir zu überwinden.

* * *

Unsere Liebe trägt süße Früchte,
und weil wir in Übereinstimmung mit uns selbst sind,
ist uns die Treue immerwährende Freude.

* * *

In mir wohnen Kraft, Zuversicht und Mut,
um fest zu meinen Überzeugungen zu stehen und
mir und meinen Bestrebungen treu zu bleiben.

* * *

Was auch immer mir fehlt,
das habe ich in der Vergangenheit nicht gegeben.
Das Gesetz von Ursache und Wirkung besagt,
dass nur ich selbst für meine Lebensqualität
verantwortlich bin.
Wenn ich vergessen habe, zu geben,
wie kann ich dann erwarten, zu bekommen?
Die Erde ist der Polarität unterworfen,
und so muss auch Geben und Nehmen
in ein Gleichgewicht gebracht werden.

Affirmationen für verbesserte Lebensumstände

Achtung und Beachtung erfahren

Meine Worte berühren die Herzen meiner Zuhörer
und finden Beachtung und Respekt.

* * *

Meine Stimme ist sanft und klar im Ausdruck,
präzise in der Wortwahl
und überzeugend in der Argumentation.
Ich erfreue jene, die mir lauschen.

* * *

All meine Worte sind verbindende Elemente,
und sie führen zu mehr Miteinander.
Ich werde nicht müde, Verbindungen zu schaffen.

* * *

Wem ich mich zuwende,
der schenkt auch mir seine Aufmerksamkeit und Anerkennung.
Ich wende mich heute an Ihn und hoffe,
dass Er sich meiner annimmt.

* * *

Meine Worte berühren die Herzen der Menschen
und lassen sie glücklich sein.
Was ich zu sagen habe, ist von Liebe und Weisheit erfüllt.

* * *

Ich biete Interessantes und Unterhaltendes,
und ich entzünde ein wärmendes Feuer in den Herzen derer,
die um mich sind.

* * *

Meine Worte überzeugen meine Zuhörer
und lassen sie inspiriert eigene Pläne schmieden.

* * *

Ausdauer, Kraft und Stärke leben

Ich weiß, dass ich meine Ziele verwirkliche,
wenn ich in Seinem Geist meinen Weg gehe.

* * *

Ich weiß,
dass mir mit Ihm an meiner Seite alles gelingt.

* * *

Ich vertraue auf meine Kraft
und spüre, wie mich Ausdauer und Stärke erfüllen.

* * *

Ich weiß, wer ich bin, und somit habe ich allen Grund,
unbesorgt und zufrieden zu sein.

* * *

Ich erhebe jetzt Anspruch auf vollkommenes Wohlbefinden.
Alles, was ich dazu brauche, ist schon bereitgestellt.
Es macht mir Freude, es mit Leben zu erfüllen.
In Gott bin ich sicher, in Ihm bin ich stark.
In Ihm habe ich mein Wohlergehen.

* * *

Ich weiß, dass Er das Allerbeste für mich will
und mir Kraft und Stärke zum Erreichen meiner Ziele verleiht.
Ich nehme Seine hilfreiche Hand mit dankbarem Herzen an.

* * *

Ich begegne dem Komplizierten einfach,
und was ich verändern will, verändere ich,
indem ich Gutes tue.

* * *

Geben und Nehmen ausgleichen

Weil ich gerne gebe,
empfange ich reichlich.

* * *

Ich strebe nach ausgleichender Gerechtigkeit
für mich und alle, die um mich sind.
Ich nehme an, was mir zusteht, und gebe, was ich geben soll.
Aus Geben und Nehmen besteht der Rhythmus des Lebens.

* * *

Was von mir ausgeht, das kehrt vermehrt zu mir zurück.

* * *

Ich bin in der Erwartung des Allerbesten,
denn dies ist meine Wirklichkeit.
Ich liebe den Ausgleich.

* * *

Liebevoll schenke ich meinen Mitmenschen
Aufmerksamkeit und Zuwendung.

* * *

Das Leben ist Geben und Nehmen.
Ich entscheide mich jetzt für das Geben,
damit ich empfangen kann.

* * *

Je mehr ich von meinem innersten Selbst gebe,
umso mächtiger ist der Strom freudiger Ereignisse,
der zu mir zurückkehrt.

* * *

Beglückende Erfahrungen und Begegnungen erleben

Mein Weg zur Glückseligkeit ist der Weg,
mich an all das Gute zu erinnern, das mir zuteil wurde.

* * *

Ich erwarte nur das Beste in meinem Leben, und ich weiß,
dass durch die Liebe in meinem Herzen mir nur Gutes
geschehen kann.

* * *

Ich gehe auf alles mit freudiger Erwartung zu
und kann sehen, wie etwas Wunderbares daraus wird.

* * *

Ich habe mich entschieden,
für Neues bereit zu sein
und Raum zu schaffen für das,
was jetzt in mein Leben treten will.

* * *

Ich entscheide mich für neue Begegnungen,
neue Erkenntnisse und geistigen Fortschritt.
Ich sage Dank allen bisherigen Erfahrungen,
die mir geholfen haben,
die Wendezeit in meinem Leben zu erreichen.

* * *

Was ich einem Armen gebe, das habe ich Gott gegeben.
Wenn Gott alles ist, dann habe ich allen gegeben.
Wenn ich in Gott bin, dann habe ich mir selbst gegeben.
Weil ich Gutes tue, finden mich gute Kräfte.
Sie helfen mir, mein Leben fruchtbar zu gestalten.

* * *

Mit wachen Augen und liebevollem Herzen
gehe ich lächelnd auf meine Mitmenschen zu.
Die Begegnungen bringen mir Freude,
und das Tor zum gegenseitigen Verstehen wird weit geöffnet.

* * *

Geld verdienen

Heute wird mir gezeigt, wie ich zu Wohlstand gelange.
Ich sehe und fühle jetzt,
wie mir Reichtum und Überfluss
von allen Seiten zufließen.

* * *

Es ist gut, in der Fülle zu leben,
denn wer hat, kann auch geben.
Danke, dass ich so reich gesegnet bin.

* * *

Ich sehe mich in innerem und äußerem Reichtum.
Ich habe so viel Geld, wie ich brauche,
um ein gutes Leben zu führen.

* * *

Ich nehme dankbar an,
was ich habe, und gehe bewusst mit all dem Guten um.

* * *

Weil ich gerne gebe,
empfange ich ein gesegnetes Einkommen.

* * *

Ich bin finanziell unabhängig und genieße meinen Wohlstand.
Ich bin gesegnet mit
Reichtum, Gesundheit und Erfolg.

* * *

Mein Einkommen entspricht meiner Vorstellung
und gestattet mir ein angenehmes Leben.
Alles ist gut, denn mein Handeln ist im Interesse aller.

* * *

Inneren Reichtum erkennen

Ich weiß,
dass ich voller Ideen bin, und ich teile sie mit der Welt,
indem ich sie verwirkliche.

* * *

Wie innen so außen.
Mein innerer Reichtum bringt mir allzeit Wohlergehen.

* * *

Ich bin
erfüllt von Freude darüber, was ist, und
voller Zuversicht über das, was kommen wird.

* * *

Ich bin ein verborgener Schatz,
der sich danach sehnt,
seinen Reichtum und seine Schönheit zu offenbaren;
ich erschaffe meine Welt, auf dass ich sichtbar werde.

* * *

Ich entspreche einem vollkommenen Prinzip.
Es ist wunderbar, dass ich den Reichtum meines Inneren
als Güte und Liebe und grenzenlosen Wohlstand zeigen kann.

* * *

Ich bin ein Meisterwerk,
edel und voller Vernunft.
Ich bin unbegrenzt an Fähigkeiten,
in Gestalt und Bewegung bedeutend und wunderwürdig;
im Handeln ähnlich einem Engel,
im Begreifen ähnlich einem Gott.

* * *

Meine unendlich vielen Ideen sind mein innerer Reichtum.
Sie warten nur darauf, Gestalt anzunehmen.
Ich bin bereit, diesen Reichtum mit allen zu teilen.

* * *

Wohlbefinden schaffen

Das Beste, was ich zu meinem Wohlergehen beitragen kann,
sind gute Gedanken, gute Worte und gute Werke.
Sie sind Balsam für meine Seele, und sie heilen meine Welt.

* * *

Meine Gedanken, meine Worte und meine Taten
sind die Zukunft, in der ich leben werde.
Ich beschließe jetzt mit Bedacht, was sich verwirklichen soll.

* * *

Ich bin vom reinen, weißen Licht des Geistes umhüllt und durchdrungen.
In diesem Licht wird alles gedeihen
und alles Gute zu mir finden.

* * *

In meinem Inneren bin ich vollkommen, und so erwarte ich Vollkommenheit und Wohlbefinden auf allen Ebenen meines Seins.

* * *

Mein Wohlbefinden ist nicht mehr abhängig
von den äußeren Umständen.
Mit Freude und Frohsinn erschaffe ich mir mein Umfeld,
in dem auch mich wohl fühlen kann.

* * *

Ich ändere, was ich ändern kann,
und akzeptiere, was ich nicht ändern kann.
Diese Einstellung bringt mir tiefen Frieden,
Freude an meinem Dasein und seelische Ausgeglichenheit.

* * *

Ich schule meinen Blick wieder für die kleinen
Wunder des Lebens,
die ich bislang in der Hektik des Alltags übersehen hatte.
Meine Seele beginnt Freude zu verspüren,
mein Herz findet Ruhe in der Besinnlichkeit,
ich bin wohl behütet und geborgen.

* * *

Wünsche erfüllen

Die Weisheit meines Unterbewusstseins
führt und lenkt mich alle Zeit
und zeigt mir den besten Weg zur Erfüllung meiner Wünsche.

* * *

Ich ruhe in der vollkommenen Welt eines vollkommenen
Schöpfers.
Sein Wunsch ist es, dass auch ich an seiner Fülle teilhabe
und dass ich glücklich bin.

* * *

In mir ist göttliche Freude,
wenn ich an all das Gute denke, das werden will.
Ich versenke mich jetzt in meine Mitte
und lasse den unendlichen Reichtum des Schöpfers
in meinem Leben Wirklichkeit werden.

* * *

Der Geist in mir ist es, der mich führt
und mir den besten Weg zur Verwirklichung meiner
Wünsche weist.

* * *

Ich stelle Ansprüche an das Leben.
Ich wünsche mir Liebe, Freude und Zufriedenheit.
Alles, was wünschenswert und gut ist, kommt zu mir.

* * *

Es ist rechtens,
dass auch ich mir meine Wünsche erfülle.

* * *

Was mir sinnvoll erscheint, dem schenke ich
meine Aufmerksamkeit.
Ich weiß, dass meine Wünsche erfüllt werden.

* * *

Zuversichtlich sein

Ich bin jetzt in Erwartung des Allerbesten,
offen und bereit,
zur rechten Zeit am rechten Ort zu sein.
Das Gute ist auf dem Wege zu mir, und ich gehe ihm entgegen.

* * *

Mich selbst zu lieben heißt,
mich selbst zu heilen.
Heilung beginnt,
wenn ich an mich und meine Möglichkeiten glauben kann.

* * *

Ich bin zum Guten erwacht und ernte die Früchte
meiner Möglichkeiten.
Ich lasse los, weil ich weiß, dass zu mir nur das Beste gehört.
Gottes Gegenwart hilft mir, an all das Gute zu glauben,
das werden will.

* * *

Ich habe mein Denken auf Fülle gerichtet
und bin in der Erwartung des Allerbesten.

* * *

Mein unumstößliches Vertrauen in die göttliche Weisheit lässt
mich heute und jeden Tag mein Bestes geben
und mit Zuversicht das Morgen erwarten.

* * *

Die göttliche Kraft in mir stärkt mich
und zeigt mir den Weg in eine glückliche Zukunft.

* * *

Spürbar ist die helfende Hand der universellen Liebe.
Ich öffne mein Herz, damit sie in mir Heimat finden kann.
Sie gibt mir Zuversicht und Kraft,
mein Schicksal zu meistern.

* * *

Wer seinen Beruf als Last oder
unliebsame Geldbeschaffungsmöglichkeit betrachtet,
wird weder Freude an seinem Arbeitsplatz erfahren
noch erfolgreich in seinem Beruf tätig sein können.
Wer schon morgens mit Widerwillen sein Tun beginnt,
der kann nicht erwarten, dass sich ihm die Lösungen
von Problemen leicht eröffnen, denn durch den
Kampf in seinem Inneren blockiert er die Energien
des Ideenflusses, der ihm zur rechten Zeit die nötigen
Informationen vermitteln würde.
Wer weder Freude an seinem Beruf noch an seinem
Arbeitsplatz hat, sollte sich Gedanken darüber machen,
ob seine Einstellung die rechte ist oder
er sich vielleicht nicht am richtigen Ort befindet
oder nicht die richtige Berufswahl getroffen hat.
Mit ein wenig Mut und Zuversicht kann man fast
alles ändern, und es ist selten zu spät.
Freude am Arbeitsplatz und im Beruf hält jung
und dynamisch, gesund und unternehmungslustig
und macht vor allen Dingen erfolgreich.
Der Beruf wird zur Berufung,
und die Berufung erfüllt das Leben.

Affirmationen für Beruf und Berufung

Motiviert sein

Im Vertrauen auf meine charakterliche Reife unternehme ich,
voller Energie und Tatendrang, was zu unternehmen nötig ist.

* * *

Mein Wunsch, ein gutes Leben zu führen, hilft mir,
alle Herausforderungen anzunehmen
und alles in einem guten Sinne zu lösen.

* * *

Ich meistere mein Schicksal
energisch und mit Kompetenz.

* * *

Mit Freude erkenne ich
die Quelle meiner Lebenskraft inmitten meiner selbst.

* * *

Jede Zelle meines Körpers ist erfrischt
und von großer Lebenskraft durchströmt.
Ich bin leistungsstark.
Ich kann mich jederzeit auf mich verlassen.
Ich will, ich kann und ich werde.

* * *

Ich bin ein hochwertiges Mitglied in meinem Team.
Ich bin jederzeit verantwortungsbewusst und absolut
zuverlässig.

* * *

Endlich kann ich zeigen,
dass ich zu außerordentlichem Erfolg fähig bin.
Ab jetzt sollte man mit mir rechnen.
Mein Vertrauen ist grenzenlos,
und so vertraue ich auf eine wunderbare Zeit.

* * *

Entscheidungen fällen

Ich bin klar und sicher
in allen meinen Unternehmungen.

* * *

Ich treffe meine Entscheidungen
schnell, sicher und folgerichtig.

* * *

Ich gebe mein Bestes dafür,
dass meine Entscheidung zum Erfolg führt.

* * *

Ich bin jetzt fähig, meine Entscheidungen nicht nur unter
materiellen Gesichtspunkten zu treffen, und ich weiß,
dass sie für alle Beteiligten gut sind.

* * *

Weil Gott auch durch mich denkt, spricht und handelt,
vertraue ich auf das, was Er für mich bereitgestellt hat.
Er ist die unerschöpfliche Quelle meiner Lebenskraft.
Er beschirmt mein Leben, und mit Ihm wandelt sich alles zu
meinem Besten. Er stärkt meine geistigen Fähigkeiten
und lässt mich die richtige Entscheidung treffen.

* * *

Ich bin klar in meinen Entscheidungen
und klar im Ausdruck meiner Persönlichkeit;
die Weisheit in mir lässt mich jetzt das Richtige tun.

* * *

Mein Plan (......*) ist vollkommen.
Ich werde ihn umsetzen.

* * *

* Plan bezeichnen

Erfolgreich handeln

Ich besinne mich jetzt auf meine Stärken.
Ich weiß, was ich kann und was ich bin.
Meine innere Stimme sagt mir, was ich tun und
was ich lassen soll.
Ich bin auf dem Weg zum Erfolg.

* * *

Ich glaube im tiefsten Grunde meines Herzens,
dass sich meine Wünsche mit Gewissheit erfüllen
und ich geschäftlichen Erfolg haben werde.

* * *

Ich bin erfolgreich mit meinem Vorhaben
und erhalte dafür jede nötige Hilfe
aus der nie versiegenden Quelle meiner Schöpferkraft.

* * *

Mein Vertrauen in meine Fähigkeiten löst
alte Begrenzungen auf,
und ich schreite mutig voran.

* * *

Ich blicke voller Freude auf mein Ziel.
In mir ist der feste Wille zum Erfolg.
Ich bin ein Sieger, erfolgsbewusst und mir meiner sicher.

* * *

Ich sehe mich erfolgreich in all den Bereichen,
welche mir wichtig sind,
und ich freue mich auf die Zeit, die vor mir liegt.

* * *

Ich bin ruhig und voller Zuversicht, weil ich
um meine Stärke weiß.
Meine Blicke sind fest und zeugen von meinem
Selbstbewusstsein
und meinem Willen, erfolgreich zu handeln.

* * *

Voller Freude arbeiten

Ich befinde mich jetzt am Ort meiner Bestimmung.
Ich habe die ideale Arbeit gefunden.
Hier ist der Platz, an dem ich glücklich bin.

* * *

Mit Frohsinn und Freude gehe ich an meine Arbeit,
und somit bin ich nicht nur heute ein Garant für
ein kollegiales und gutes Betriebsklima.

* * *

Ich erledige meine Pflichten mit Heiterkeit und Frohsinn.
Die Leichtigkeit in meinem Sein
schenkt mir Gelingen und Freude an der Arbeit.

* * *

Mein Handeln ist mit Freude und Hingabe erfüllt,
und ich lasse meine Gedanken stets auf das Gute
im Hier und Heute gerichtet sein.

* * *

Ich entspreche einem vollkommenen Prinzip.
Es ist wunderbar, dass ich meinen inneren Reichtum
aus Freude an meiner Arbeit mit anderen teilen kann.

* * *

Harmonie und guter Wille sind in mir.
Ich freue mich auf meine Arbeit,
weil mir mein Beruf zur Berufung geworden ist
und ich Freude und Erfüllung in meiner Tätigkeit finde.

* * *

Ich bin eine kreative Persönlichkeit,
und ich unterbreite meinem Team konstruktive Vorschläge.

* * *

Kreativ sein

Worauf ich meine Aufmerksamkeit richte,
das rufe ich hervor.
Ich bin schöpferisch, ohne dass es mich anstrengt.

* * *

In meiner Vorstellungskraft liegt meine Fähigkeit,
Neues zu erschaffen.
Ich gebe ihm Form, Funktion und Leben.

* * *

Ich bin ein kreativer und dynamischer Mensch
und nutze meine Fähigkeiten von nun an
zu meinem Wohle und auch zum Wohle aller.

* * *

In meinem Geiste ist der Anfang von allem,
was werden wird.
Ich helfe den Dingen, ins Leben zu treten.

* * *

Die Kunst ist ein Mittel der Seele,
sich in der Welt auszudrücken.
Auch ich gebe meiner Seele jetzt die Zeit und den Raum,
ihre Bilder darzustellen.

* * *

Was immer ich brauche, kommt zu mir,
wenn ich seiner bedarf.
Ich kann ohne Sorge sein.

* * *

In jedem Menschen steckt ein Künstler,
also auch in mir.
Ich erlaube mir, jetzt auch diesen Aspekt in meinem
Dasein zu verwirklichen.
Die Freude und die Entspannung, die ich dabei empfinde,
wenn ich meine eigenen Kreationen in meiner
Ideenwelt entwerfe
und ihnen mit meinen eigenen Händen Form verleihe,
sind der Lohn meiner Arbeit.

* * *

Pläne umsetzen

Voller Vertrauen und im festen Glauben an mich
setze ich meine Vorstellungen in Taten um.

* * *

Ich weiß, dass das, was auf mich zukommt,
die Antwort auf mein Denken und Handeln ist,
deshalb denke ich Gutes – und Gutes wird folgen.

* * *

Gott segnet das Erreichte und fördert das Begonnene.
Er gibt mir die Kraft, aus meinen Gedanken Wirklichkeit
werden zu lassen.

* * *

Meine Idee (......*) ist es wert, in dieser Welt ihren Platz
zu finden.
Die Kräfte des Universums senden mir Zeichen,
damit ich den richtigen Weg zur Verwirklichung
beschreiten kann.

* * *

* Der Idee eine Bezeichnung geben

Was ich erlebe,
ist die Spiegelung meiner eigenen Wesensmerkmale,
deshalb sehe ich das Beste im anderen, und es antwortet mir.

* * *

Der große Geist der göttlichen Weisheit ist mein
Ratgeber und Begleiter,
deshalb kann ich stark und selbstbewusst,
verantwortungsvoll und umsichtig
mein Vorhaben (......*) planen und ihm seine materielle
Form geben.

* * *

Ich bin mir sicher, dass Gott mit mir ist,
wenn ich mir treu bleibe und mit Mut und Selbstvertrauen
meine Ziele verfolge und meine Pläne in dieser Welt
verwirklichen.

* * *

* Vorhaben benennen

Die richtige Berufswahl treffen

Ich sehe mich bei meiner idealen Tätigkeit.
Meine Freunde freuen sich mit mir
über die Verwirklichung meines Traumberufes.

* * *

In mir ist ein Raum, in dem alles auf ewig bekannt ist.
Hier finde ich auf alle meine Fragen Antwort.
Ich frage jetzt, wo der ideale berufliche Arbeitsplatz
für mich ist,
und ich finde ihn.

* * *

Die Weisheit meines Unterbewusstseins zeigt mir den Weg,
meine Berufung frei zu wählen.

* * *

Ich folge dem Ruf meines Herzens,
und mir wird es immer wohl ergehen.

* * *

Ich entscheide mich jetzt für das,
wozu ich berufen bin.

* * *

Ich bin begabt und ziehe entsprechende Aufgaben an.
Ich gebe von nun an der Welt mein Bestes,
und sie wird mir ihr Bestes geben.

* * *

Die höchste Intelligenz
geleitet mich heute zu meinem idealen Arbeitsplatz.
Ich treffe die richtige Entscheidung.

* * *

Selbstständig werden

Ich bin das bestimmende Element in meinem Leben.
Ich entscheide heute, dass ich mein Leben in eigener Regie gestalte.

* * *

Ich bin selbstständig und kann sehr wohl für mich selber sorgen.
In mir ist alles,
was ich für ein erfolgreiches und angenehmes Leben brauche.

* * *

Aus der unerschöpflichen Weisheit
meines Unterbewusstseins erwächst in mir die Kraft,
meinen Weg in die berufliche Selbstständigkeit zu finden.

* * *

Ich bin eine starke und selbstsichere Persönlichkeit
und zugleich eine liebevolle Autorität.
Ich sage Rechtes zur rechten Zeit am rechten Ort.

* * *

Selbstbewusst
werde ich meine Fähigkeiten in dieser Welt verwenden.
Meine Ziele sind in Übereinstimmung
mit dem großen Geist der Schöpfung, und deshalb
erhalte ich Unterstützung, wo immer ich ihrer bedarf.

* * *

Die Freude,
meinen eigenen Ideen in eigener Verantwortung
Ausdruck zu geben,
verleiht mir die dafür nötige Ausdauer und Durchsetzungskraft.
So öffnet sich mir der Weg zu beruflichem Erfolg.

* * *

Ich bin
selbstständig, unabhängig und erfolgreich.
Meine Vorstellungen werden Wirklichkeit
und dienen meinem Wohl und dem Wohle aller,
für die ich tätig bin.

* * *

Nach Unabhängigkeit streben

Ich löse mich von den Fesseln der Vergangenheit
und lebe, wie ich es für richtig halte.
Ich bin eine starke Persönlichkeit, frei in allem,
was mir wichtig ist.

* * *

Ich habe eigene Vorstellungen vom Leben
und setze sie auf liebevolle Weise um.

* * *

Ich strebe nach Unabhängigkeit
und löse mich von allem, was mich begrenzt und hemmt.

* * *

Mein wahres Wesen ist grenzenlos,
ungebunden und wahrhaftige Glückseligkeit.
Diese bringe ich durch mein freies Leben zum Ausdruck.

* * *

Ich lasse mich von Freunden gerne beraten,
entscheiden aber werde ich selbst.

* * *

Der Schöpfer ist immer an meiner Seite,
und er gibt mir Geleit, wenn ich ihn darum bitte.
Er stärkt und stützt mich
in meinem Streben nach Freiheit und Unabhängigkeit.

* * *

Ich gehe meinen Weg,
ungeachtet dessen, was andere sagen und tun.
Auch ich bin einzigartig, und es kann nur rechtens sein,
wenn ich mir Brücken zu einem besseren Leben baue.

* * *

Heilung ist Befreiung von Angst.
Es ist die Angst in uns,
welche uns Sorgen bereitet
und unsere Befürchtungen
Wahrheit werden lässt.

Affirmationen für die Gesundheit

Gesund und erholsam schlafen

Wenn ich zu Bett gehe, spüre ich,
wie Ruhe und Gelassenheit mein ganzes Wesen erfüllen.
Ich weiß, dass ich geborgen bin.

* * *

Ich bin entspannt und fühle
harmonische Verbundenheit mit dem Frieden in der Welt.

* * *

Sanfte Gedanken erfüllen mich
und geleiten mich in das Reich meiner Träume.
Der morgige Tag wird gut.
Friedlich schlafe ich ein.

* * *

Meine Gedanken sind wie kleine weiße Wolken,
die am Himmel ziehen,
nicht wissend wohin, aber voller Vertrauen.
Jetzt kann ich tief und beruhigt schlafen.

* * *

In meinen Gedanken ziehen die Geschehnisse des
Tages vorüber.
Mit Ruhe und Gelassenheit übergebe ich sie der Vergangenheit.
Ich fühle in mir die Stille der Nacht,
und der einkehrende Frieden bringt mir erholsamen und
gesunden Schlaf,
der mich am Morgen frisch und munter erwachen lässt.

* * *

Diese Nacht schenkt mir Erholung für meinen Körper
und beglückende Traumbilder meiner Seele.
Ausgeruht und gestärkt werde ich dann den neuen
Tag begrüßen.

* * *

Die Liebe aus dem Herzen Gottes beschützt meine
nächtliche Ruhe.
In ihrer Fürsorge kann ich voller Vertrauen und ohne Sorgen
beruhigt und tief schlafen.
Nichts ist mehr zu tun – alles ist gut.

* * *

Gut sehen

Meine Augen lassen mich eine wundervolle Welt sehen
und vermitteln mir Vertrauen in die Schöpfung.

* * *

Meine Augen sind ein Ausdruck göttlicher Perfektion,
und sie lassen die Harmonie
und die Schönheit der Welt in mein Innerstes.

* * *

Um die Schönheit der Welt zu sehen,
brauche ich keine Brille.

* * *

Alles, was ich sehe, stärkt den Frieden in mir
und schenkt mir Freude und Ausgeglichenheit.

* * *

Meine Augen sind die Fenster meiner Seele.
Ich betrachte all die Herrlichkeit um mich herum
und gönne mir und meiner Seele dieses Vergnügen.

* * *

Geliebte Augen,
es ist eure Aufgabe, mir die Welt in Bildern zu zeigen.
Wohl habe ich in der Vergangenheit manches nicht wirklich
sehen wollen,
und aus Trauer darüber habt ihr begonnen,
euch zu verschleiern.
Ganz bewusst richte ich ab jetzt meine Aufmerksamkeit
auf alles,
auch auf das, was ich bisher nicht wahrhaben wollte,
auf dass auch ihr euren Schleier lüften könnt
und mein Blick wieder klar und rein werde.

* * *

Mein Blick war immer nur auf das gerichtet,
was ich nicht habe und was ich nicht bin.
Nun, da ihr, meine Augen, eure Funktion reduziert habt,
sehe ich, was ich hatte.
Mit meiner Bereitschaft,
all das Schöne und Wertvolle in meinem Leben
auch sehen und achten zu wollen,
verbessert sich meine Sehkraft wieder mehr und mehr,
damit ich noch viele Wunder des Lebens wahrnehmen kann.

* * *

Gesund werden

Ich bin vollkommen gesund,
in Frieden mit mir und meiner Welt.

* * *

Ich bin eins mit allem, weil ich vertraue.
Ich liebe das Leben, und das Leben antwortet mir,
indem es mir Freude und Gesundheit schenkt.

* * *

Mein Immunsystem arbeitet perfekt
und führt mich in den Zustand vollkommener Gesundheit.

* * *

Der Heiler in mir heilt mich in diesem Augenblick für immer,
er erneuert mein Fleisch und Blut
und lässt es mir wohl ergehen.

* * *

Wie eine Blume im Sonnenschein öffne ich heute
mein Herz der Liebe.
Sie heilt meinen Geist und er meinen Körper.
Alles ist gut.

* * *

Ich habe ein Anrecht auf Gesundheit,
auf Wohlergehen und auf Lebensfreude.
Gesundheit entsteht, wenn ich gesunde Gedanken hege.

* * *

Ich weiß, dass meine Krankheit immer nur ein Ruf
nach Liebe war.
Ich bin erhört worden, und mir wird gegeben,
was ich mir bisher vorenthalten habe.
Mir geht es gut und von Tag zu Tag immer besser.
Ich werde gesund.

* * *

Reine Haut bekommen

Ich bin in Harmonie mit mir und der Welt.
Meine Haut vermittelt mir ein angenehmes und
wohliges Gefühl.
Sie ist glatt, schön und zeugt von meiner Vitalität.

* * *

Ich bin glücklich und zufrieden über meine wunderbare Haut.

* * *

Ich bin rein und gut, wie innen so auch im Außen.

* * *

Ich bin ein göttlicher Ausdruck des Universums,
einzigartig in meinem Sein,
und es macht Freude, mich zu betrachten.

* * *

Ich liebe mich und stehe zu mir.

* * *

Die Haut ist ein Organ der Kommunikation.
Gerne bin ich in Kontakt mit anderen Menschen,
und meine Haut spiegelt diese Freude am Miteinander
durch ihre Reinheit und Frische in meiner Erscheinung wider.

* * *

Ich mag mich und meinen Körper.
Ich habe Freude daran, mich zu pflegen
und meinem Körper etwas besonders Gutes zu gönnen.
Er dankt es mir mit schöner Haut, gesundem Aussehen und
Lebenskraft.

* * *

Sich von einer Sucht befreien

Nikotin hat für mich seine Anziehungskraft verloren,
und ohne es empfinde ich eine Stärkung meiner Lebenskraft.

* * *

Tabak ist unwichtig, und ich betrachte ihn nur noch
als ein Relikt meiner Vergangenheit.

* * *

Mein Begehren nach Nikotin ist aufgelöst.

* * *

Ich habe mein Ziel erreicht, ich bin Nichtraucher.
Mein Körper dankt es mir.
Ich fühle mich wie neugeboren.

* * *

Es ist mein erklärtes Ziel, von nun an einen klaren Morgen
nach einem Tag der Enthaltsamkeit zu erleben.
Ich weiß, dass ich es kann.

* * *

Meine Sinne und mein Körper sind frei,
unbeeinträchtigt und klar, wie der neue Tag.
Mein Herz und meine Seele befinden sich
auf dem Höhepunkt ihrer Leistungskraft.

* * *

Ich fühle mich unsagbar wohl,
weil ich heute eine alte Gewohnheit beendet habe.
Ich habe mich für das Glück entschieden.

* * *

Das Idealgewicht erreichen

Ich esse nur, was mein Körper benötigt,
und fühle mich dabei wohl und zufrieden.

* * *

Ich bin ein wunderbarer Mensch.
Leicht und wie von selbst löse ich mich von allem,
was mir nicht mehr dient.

* * *

Mein Appetit ist normal.
Ich esse langsam und bin bei jeder Mahlzeit rasch gesättigt.
Es macht mir Spaß, abzunehmen.

* * *

Mein Idealgewicht beträgt (......*) kg.
Ich erreiche es mit Leichtigkeit, denn ich habe mich
entschieden,
gesund und attraktiv zu sein.

* * *

* Idealgewicht einsetzen

Druck erzeugt Gegendruck.
Ich bin mir dieser Gesetzmäßigkeit vollkommen bewusst,
deshalb ist Abnehmen für mich nicht mit Zwang verbunden.
Beschwingt, mit Leichtigkeit, Humor und der nötigen Geduld
verliere ich meine überflüssigen Pfunde,
weil ich mich liebe und wiedergeliebt werde
und so keinen Panzer zu meinem Schutz mehr benötige.

* * *

Übergewicht belastet Herz, Kreislauf, Wirbelsäule und Gelenke.
Ich stärke mein gesamtes System, weil ich leicht
und ohne Zwang und Stress auf alles verzichten kann,
was meinem Körper schadet.
Täglich reduziert sich mein Gewicht, mehr und mehr
komme ich meinem angestrebten Gewicht von
(......*) immer näher.
Es macht mir Freude, und ich fühle mich wohl und
glücklich dabei.

* * *

Voller Freude sehe ich,
dass ich von Tag zu Tag schlanker und schöner werde.

* Idealgewicht eintragen

Die Schwangerschaft erleichtern

Heute ist ein glücklicher Tag
für mich und mein Kind gekommen.
Ich habe keine Angst mehr vor Komplikationen bei der Geburt.

* * *

Ich weiß, dass mein Körper hervorragend dazu geeignet ist,
mein Kind zu gebären.

* * *

Sobald die Geburt beginnt, bin ich vollkommen ruhig.
Ich werde auch die Augenblicke des Schmerzes bejahen.
In meinem Ja liegt Weite und Offenheit,
und so wird es eine ganz und gar natürliche Geburt sein,
leicht für mein Kind und auch für mich.

* * *

Das Kind unter meinem Herzen ist geliebt
und in unserer Familie auf das Herzlichste willkommen.
Es ist gesund und wird in freudiger Erwartung bald schon
geboren sein.

* * *

Du (......*), mein geliebtes Kind.
Dein Vater und ich, wir freuen uns auf den Tag,
an dem wir dich in unsere Arme nehmen können.
Du wächst und gedeihst und wirst in kurzer Zeit
gesund und munter das Licht dieser Welt erblicken.

* * *

Deine Gesundheit und dein Wohlergehen liegen uns in
besonderer Weise am Herzen, und wir tun täglich
unser Bestes dafür.

* * *

Wir haben alle Vorkehrungen getroffen,
damit dein Start in dieses irdische Leben optimal
verlaufen wird.

* * *

* Wenn schon bekannt, den Namen des Kindes einsetzen

Schwierige Lebenssituationen meistern

In meiner Not rufe ich
die unendliche Heilkraft meines Unterbewusstseins an,
damit sie meine Gesundheit wiederherstellt.
Wenn ich bete: »Gott, hilf mir jetzt in der Gefahr«,
dann nimmt Seine Liebe sichtbare Gestalt an
als Gesundheit, Friede und Freude am Leben.

* * *

Das Leben ist mir wohlgesinnt.
Die Zeit ist mein Freund, sie heilt alles Unheile.

* * *

Alles im Leben ist dem Gesetz der Veränderung unterworfen.
Jeder Wandel dient dem Leben, und so kommt zu mir,
was zu mir gehört, und es geht, was gehen möchte.

* * *

Mein göttliches Selbst segnet auch das, was mir
Kummer macht,
es umhüllt und durchdringt alles mit Liebe
und erlöst mich von meinem Schmerz.

* * *

Unheil erfahren zu haben bedeutet, dass ich mich
gefürchtet habe.
Ich will jetzt an das Gute glauben
und es durch mich zum Ausdruck bringen.
Ich weiß, dass Liebe in mir und um mich ist.
Alles, was mir widerfährt, dient mir
und ist mein Wegweiser zu einem besseren Leben.

* * *

Ich will mich heute wieder daran erinnern,
dass ich eine starke und liebenswerte Persönlichkeit bin
und in mir die Kraft wohnt, die mich mein Schicksal
meistern lässt.

* * *

In meinem Schmerz lege ich mein Schicksal in die Hände
des Schöpfers.
Er verleiht mir die Kraft,
in jeder Situation an das Gute zu glauben
und noch heute wieder frohen Mutes zu sein.

* * *

Heil werden

Ich will mich meines heilen Wesens erinnern
und mich nicht mehr selbst verletzen.

* * *

Was zerstört werden kann, ist nicht wirklich,
was wirklich ist, das kann nicht zerstört werden.
Heute ist ein Schicksalstag für mich.
Ich akzeptiere, dass die Situation, die ich gerade erlebe,
die Folge vergangener, selbst geschaffener Ursachen ist.

* * *

Ich begreife, dass ich etwas tun kann,
um diese Erfahrung nicht unnötig oft zu wiederholen.
Ich habe die Einsicht, dass Schicksal nicht etwas
Unumstößliches ist,
sondern dass ich der Meister meines Lebens bin.

* * *

Heute ist der Anfang für ein schönes und besseres Leben.
Ich nehme jetzt mein Geschick in die Hand
und denke an all das Gute, das werden will.

* * *

Ich bin frei, denn meine wahre Natur ist vollkommen und heil.
Ich lasse geschehen, was mir bestimmt ist,
denn ich weiß, dass nur Gutes zu mir kommt.

* * *

Ich erhebe jetzt Anspruch auf einen heilenden Körper
und ein gesundes, liebevolles und erfülltes Leben.

* * *

Mich selbst zu lieben bedeutet, mich selbst zu heilen.
Deshalb bitte ich um Liebe, die ich mir bisher verweigert habe.
Sie wird mich heilen.

* * *

Ich sitze auf einer Bank im Sonnenschein und fühle,
dass ich eins mit allem bin.
Die Landschaft, die Blumen, die Bäume,
die Tiere, die Menschen,
ich – wir alle sind gemeinsamen Ursprungs,
und unendliche Kraft und unerschöpfliches Vertrauen
durchströmen mein Sein.
Alles ist der Eine in der Erscheinungsform des Vielen.

Affirmationen für innere Stärke

Einsamkeit positiv umsetzen

Ich bin im Gespräch mit der Sonne und dem Wind,
der Blume dort drüben und dem Vogel vor mir.
Ich nütze mein Alleinsein, um mit allem eins zu sein.

* * *

Viele Menschen, die mir begegnen, tauschen mit mir aus:
freundliche Blicke, interessante Gedanken,
höfliche Worte eines Grußes.
Ich lächle, und das Lächeln kehrt vermehrt zu mir zurück.
Wenn jemand kein Lächeln hat, dann schenke ich ihm meines.

* * *

Ich öffne mich, ich sage Ja zum Leben.
Ich sage Ja zu mir. Alles andere folgt von allein.
Dank erfüllt mein Herz, und ich bin dem Guten nahe.

* * *

Meine Zeit des Alleinseins ist eine Zeit der Besinnung.
Ich nütze die mir nun geschenkten Stunden,
um mich all dem zu widmen,
wofür ich bisher keinen Freiraum fand.

* * *

Mein Alleinsein ist keine Strafe in meinem Leben.
Sie gibt mir die Möglichkeit,
Frieden mit meiner Vergangenheit zu schließen
und neue Pläne für die Zukunft zu entwerfen.
So wird meine momentane Einsamkeit
zu einer kreativen und besinnlichen Atempause
in meinem Leben.

* * *

Die Stunden der Stille sind für mich ein Geschenk
des Allerhöchsten.
Die Kraft aus dieser Ruhe stärkt mich
und führt mich wieder zu seelischem Gleichgewicht.

* * *

Heute will ich die Zeit meiner Einsamkeit in
positiver Weise nutzen.
Ich wandere mit wachem Blick durch meine Welt,
und es erschließen sich mir Schönheit und Anmut dort,
wo sie mir bisher verborgen geblieben waren.

* * *

Die innere Kraft finden

Ich ruhe in mir.
So kann ich meine innere Kraft und meinen Frieden finden.

* * *

Gott, ich weiß, dass ich mit Dir verbunden bin
und in Dir mein Sein habe.
Ich bin Dein Ebenbild und deshalb in meinem Innersten
auch vollkommen, unverletzlich und voller Stärke.

* * *

Ich danke, dass mein wahres Wesen
leuchtend, begnadet und voller Mysterien ist.
Deshalb will ich meiner Kraft vertrauen.

* * *

Ich will mich heute daran erinnern,
dass ich mit Dir an meiner Seite unermesslich stark bin.

* * *

Ich wurde geboren,
um Dein Licht zu sein.
Wenn ich es in mir leuchten lasse,
werde ich damit anderen Menschen zum Vorbild.

* * *

Ich kann mit Bestimmtheit darauf vertrauen,
dass sich mein Begehren erfüllen wird,
wenn in mir, geleitet von meinem Herzenswunsch,
das lodernde Feuer der Sehnsucht brennt.

* * *

Mein wahres Sein ist der Zustand von ewigem Frieden
und von grenzenloser Glückseligkeit.
Neues will werden.
Ich begrüße es mit freudigem Herzen.

* * *

Der inneren Stimme lauschen

Ich setze auf meine Kraft,
und meine innere Stimme wird mich führen.

* * *

Ich vernehme eine tröstende Stimme aus den Tiefen
meiner Seele.
Sie weiß um mein Verlangen.
Sie ruft mir zu:
Du bist sicher, wo immer du auch sein magst, ich bin
allzeit mit dir.

* * *

Die Klarheit meiner inneren Stimme ist meine Stärke.
Ihre Liebe umhüllt und durchströmt mich,
wohin ich auch gehe, dort geht sie vor mir her.

* * *

Die innere Stimme lässt ihr Licht auf meinem Weg leuchten,
und ich anerkenne sie in allem, was ist.

* * *

Meine innere Stimme bringt mir den ersehnten Frieden.
Ich gebe all jenen davon,
die seiner bedürfen.

* * *

Meine innere Stimme sagt mir, was das Beste für mich ist.
Ich folge ihren Worten mit Freude und Dankbarkeit.

* * *

Ich fühle die Aufrichtigkeit meiner inneren Stimme,
die mich das Gute und Richtige lehrt, jetzt und immer.

* * *

Inspirationen annehmen

Der Große Geist ist mir Inspiration,
er führt mich zu grünen Auen und zu stillen Wassern.

* * *

Ich erfahre im Zentrum meines Wesens
Inspiration und Fortschritt.

* * *

Inspirationen sind die Zeichen des Universums,
die von den Wächtern unseres Schicksals
zur Erleichterung unseres Lebens gesandt werden.
Ab heute achte ich bewusst auf die Hilfen,
die mir von meinen Schicksalswächtern übermittelt werden.

* * *

Ich sehe die Welt um mich herum.
Alles ist sichtbar gewordener Geist.
Die Begrenzungen in meinem Denken sind aufgelöst,
und auf den Flügeln meines Geistes eröffnen sich mir
vielfältige Anregungen für das Beschreiten neuer Wege.

* * *

Alle Begegnungen und Geschehnisse
werden mir heute Wegweiser sein.
Sie zeigen mir die Fülle der unbegrenzten Möglichkeiten,
die darauf warten, verwirklicht zu werden.

* * *

Alles ist möglich,
deshalb gehe ich mit offenen Augen durch das Leben
und lasse mich von den Zeichen auf meinem Weg berühren
und führen.

* * *

Der All-Geist in seiner unerschöpflichen Weisheit
umhüllt und durchdringt mich.
Er ist ein ewiger Strom von Ideen,
und er offenbart mir meine ungeahnten Möglichkeiten.
In jedem Augenblick meines Daseins bin ich ihm dankbar.

* * *

Der Intuition vertrauen

Meine Gefühle sind es wert, beachtet zu werden.
Ich vertraue der göttlichen Weisheit in mir.
Ihr Licht leuchtet hell und strahlend auf meinem
irdischen Weg.

* * *

Meine Intuition lässt mich den Schlüssel finden
zum geheimen Ort des Allerhöchsten,
inmitten der Herzen derer, die in ihrer Not meine Nähe suchen.

* * *

Die Weisheit in meinem Inneren hilft mir,
die richtigen Weichen zu stellen, und ich will ihr
freudig folgen.

* * *

Ich höre auf meine innere Stimme,
die mich führt und lenkt und mich das Richtige tun lässt.

* * *

Ich vertraue meiner Intuition,
denn sie ist die Stimme der göttlichen Weisheit in mir.
Sie hilft mir, zur richtigen Zeit am richtigen Ort zu sein
und die Chancen in meinem Leben optimal zu nutzen.

* * *

Ich bin sicher und stark und meistere mein Schicksal
mit Hilfe göttlicher Weisheit.

* * *

Ich bin Geist auf dem Wege des Erwachens.
Ich vertraue der allumfassenden Weisheit des großen Geistes,
der seine schützenden Flügel über mich gebreitet hat.
Er schenkt mir zur rechten Zeit die notwendige Erkenntnis,
damit ich mein Leben erfolgreich gestalten kann.

* * *

Klarheit schaffen

Ich lerne Grenzen zu ziehen. Ich lerne Grenzen aufzuheben.

* * *

Ich darf enttäuscht und auch ärgerlich sein.
Aber genauso ist es mir freigestellt, glücklich und froh zu sein.
Ich wähle jetzt, was werden soll.

* * *

Alle Gefühle haben etwas Konstruktives,
so richte ich meine Aufmerksamkeit auf den Ursprung meiner
Emotionen in den Tiefen meines Gemütes.

* * *

Ich sage Nein, wenn ich es meine,
ich sage Ja, wenn es richtig ist.

* * *

Ich vertrete, klar und deutlich,
meine Interessen und setze sie auch liebevoll durch.

* * *

Wenn ich ein Problem gelöst habe,
dann weiß ich, dass es gut für mich war.
Es hilft mir, mein Leben zu klären
und ähnliche Fehler zu vermeiden.

* * *

Probleme sind gute Gelegenheiten,
mir dabei zu helfen, loszulassen,
wenn ich wieder einmal zu lange auf einem
Standpunkt verharre.

* * *

Sich in Selbsterkenntnis üben

Weil es das Gesetz von Ursache und Wirkung gibt,
musste es so kommen, wie es jetzt geschehen ist.
Ich nehme den Verlust hin und habe einen guten Grund,
zukünftig bewusster und aufmerksamer zu sein.

* * *

Ich meditiere über das Zeitlose
und erfahre eine Zunahme meines Bewusstseins.

* * *

Die höchste Erkenntnis ist Selbsterkenntnis,
und sie ist zugleich auch Gotteserkenntnis.

* * *

Gott ist Liebe, also bin ich es auch.
In Liebe will ich meinen Weg gehen,
mit Liebe will ich alle Dinge tun.

* * *

Gott,
ich will nur an Dich denken
und mir dadurch meiner selbst bewusst werden.

* * *

Nur wenn ich von mir selber gebe, gebe ich wahrhaftig.

* * *

Heute will ich die Wahrheit über mich annehmen.
Ich will mich in Gott zu Hause wissen.

* * *

Trost spenden

Mein Herz formt Gedanken der Liebe,
mein Mund lässt daraus Worte des Trostes entstehen.
In Gottes Hände lege ich mein Denken und Handeln,
damit das Leid all derer gemildert werde,
die Trost, Hoffnung und Hilfe bei mir suchen.

* * *

In den Tiefen meiner Seele wartet allgegenwärtige Weisheit,
meinen Mitmenschen so zu helfen, wie es für sie am besten ist.

* * *

Ich finde die Worte, die mein Gegenüber erreichen,
sein Herz berühren und ihm helfen, sich wieder der Liebe
hinzugeben.

* * *

Ich will zu meinen Schutzbefohlenen in einfachen
und verständlichen Worte von Weisheit, Liebe und Güte
sprechen.

* * *

Heute will ich nur geben:
freundliche Worte, ein liebevolles Lächeln,
Zuspruch und Trost.

* * *

Die Liebe aus dem Herzen Gottes ist voller Mitgefühl und Güte.
Sie gibt mir die Kraft und Weisheit,
auf dass meine Hände als der verlängerte Arm
Seines Mitgefühls
wirken können und mein Mund Seine Güte zum Ausdruck
bringen kann.
Es macht mich glücklich, anderen helfen zu können.

* * *

Mein Vertrauen in Seine Liebe verleiht mir das Wissen,
zur rechten Zeit die rechten Worte zu finden
oder im gegebenen Moment in tiefem Verstehen zu schweigen.

* * *

Vertrauen stärken

Ein Verlust ist wie eine Tür, die sich geschlossen hat.
Bald schon werden sich zwei neue öffnen.
Darauf vertraue ich von nun an.

* * *

Ich wähle heute, Gott für immer zu vertrauen.

* * *

Ich vertraue der unendlichen Weisheit meines Unterbewusstseins.

* * *

Mein Herz ist weit geöffnet, und alle meine Wünsche sind erfüllt.

* * *

Ich fühle deutlich,
dass meine positiven Kräfte in meinem Schicksal
die Führung übernommen haben und alles dem Guten zuwenden.

* * *

Dankbar und voller Vertrauen ruhe ich in meinem
göttlichen Zentrum,
aus dem sich mein Leben in Schönheit und
Vollkommenheit formt.

* * *

Ruhe und Zuversicht bestimmen mein Denken,
mein Sagen und mein Tun.

* * *

Du gibst in meinem Namen,
aus Liebe und des Gebens wegen.
Ich will das Universum und alles, was ist, dir anvertrauen.
Diene mir weiterhin in Liebe, bescheiden und in Treue,
wie ich es dich geheißen habe,
dann kann ich dich mit all meinem Reichtum segnen.
Lass weiter Himmel und Erde sich in dir
begegnen, sodass du als mein Kind von meiner
allgegenwärtigen Gnade Zeugnis gibst.
Gehe in meinem Namen den Weg der Liebe und wisse,
dass ich allzeit mit dir bin.
Dein Weg ist nicht mein Weg,
aber er ist von mir gutgeheißen,
denn er dient der Erkenntnis deiner selbst.

Affirmationen für inneren Frieden

Frei sein

Gott gab mir die Freiheit,
seinem Willen zu folgen oder meinen Weg zu gehen.
Gott leuchtet mir aber auch dann,
wenn ich mich im Dunkel meines Willens verirren sollte.

* * *

Ich bin frei geboren, und frei werde ich sein in Ewigkeit.

* * *

Freiheit bedeutet nicht, Recht zu haben.
Ich gestatte anderen, ihren eigenen Willen
und ihre eigene Meinung zum Ausdruck zu bringen.

* * *

Ich bin frei, mich zu entfalten,
und diese Freiheit ist ein Geschenk der Liebe Gottes.

* * *

Wie auch ich in meinem Innersten frei bin,
so frei ist auch meine Welt.

* * *

Meine Freiheit ist, wie die Liebe, die Voraussetzung zur Glückseligkeit.
Meine Freiheit macht mich glücklich.

* * *

Verantwortlich zu sein bedeutet für mich, frei zu sein.
Ich bin frei, Verantwortung zu übernehmen.

* * *

Friedlich leben

Ich verspüre eine große Sehnsucht nach Frieden.
Ich erfahre ihn, wenn ich mir seiner Gegenwart bewusst bin.

* * *

Ich will in der Stille den Frieden suchen, der mir
verheißen wurde.

* * *

Meinen inneren Frieden erlebe ich auch im Außen
und sage Dank für all das Gute.

* * *

Ich weiß, dass die Liebe mein Glück ist
und dass nur sie mir den Frieden bringen kann.

* * *

Wenn ich in Frieden mit allen und allem verbunden bin,
dann kehrt der Friede auch in meinem Hause ein.
Ich lebe den Frieden.

* * *

Ich beginne, meine innere Größe zu leben.
Ich erlaube mir, glücklich und auch traurig zu sein.
Ich habe meinen Frieden gefunden.

* * *

Wenn ich meine Mitte suche,
dann muss ich Höhen und Tiefen durchwandern.
Ich darf lachen und weinen.
Ich darf auch außer mir sein oder friedlich in mir ruhen.
Ich finde den Frieden in meiner Mitte.

* * *

Harmonie erzeugen

Mein ganzes Sein ist erfüllt von Frieden und Harmonie.
In mir herrschen tiefe Ruhe und Ausgeglichenheit.

* * *

All meine Gedanken, Gefühle und Wünsche
sind in Harmonie mit mir und meiner Welt.
Sie gestalten mein Leben glücklich und erfolgreich.

* * *

Ich liebe mich, ich liebe meinen Körper,
ich bin eins mit meiner geistigen Kraft.
Sie gibt mir die Stärke, natürlich und frei zu leben.

* * *

Die Weisheit meines höheren Selbst durchströmt mein ganzes Sein.
Sie bringt Zufriedenheit und Harmonie in mein Leben.
Ich weiß, dass ich auf dem rechten Weg bin.

* * *

Ruhe herrscht in meinem Herzen und in meinem Geist.
Ich bin völlig ausgeglichen.

* * *

Ich bin geborgen in der Mitte meines Wesens,
im Zentrum meiner Lebenskraft.

* * *

Es gibt nichts, was ich mehr anstrebe
als den Gleichklang zwischen mir und den Meinen.

* * *

Innere Ruhe finden

Friedliche Ruhe erfüllt meinen Geist.
Sie schenkt mir Gelassenheit und Lebensfreude.

* * *

Ich ruhe in mir.
Dieser Gedanke führt mich zu der Erkenntnis,
dass es kein Leid gibt, das Gott nicht heilen kann.

* * *

Ich lege all meine Sorgen in Gottes Hand
und spüre immer mehr,
wie sich Gelassenheit und Ruhe in meinem Innersten
ausbreiten.

* * *

Alles ist gut, so wie es ist.
Tiefe Ruhe und Frieden
durchfluten meine Gedanken, mein Herz, mein gesamtes Sein.

* * *

Meine Sorgen gleichen schwarzen Vögeln der Nacht.
Ihre Flügel rauschen, zuerst noch ganz laut
und dann immer leiser und leiser.
Sie fliegen davon,
und ich fühle Ruhe, Geborgenheit und friedliche Gelassenheit.

* * *

Ich vertraue auf dich.
In deiner Liebe kann auch ich mich ausruhen und frei fühlen.
Sie schenkt mir Gleichmut, Zuversicht und Geduld.

* * *

Ich vertraue darauf, dass alles zur rechten Zeit geschieht.

* * *

Gefühle klären

Ich fühle große Kraft in mir
und bin in jeder Situation ich selbst.

* * *

Ich werde meiner Aufgabe, die sich mir stellt, gewachsen.
Meine Gefühle sind klar, und ich bin voller Mut.

* * *

Jetzt lege ich alle dunklen Gedanken der Vergangenheit ab,
damit mein Heute hell und klar sein kann.

* * *

Unklarheiten machen schwach und unsicher.
Du schenkst mir den Mut und die Stärke, meine Gefühle
zu klären,
und so finde ich wieder Sicherheit und Selbstvertrauen.

* * *

Durch deine Liebe finde ich Klarheit in mir und weiß,
dass ich meinen Weg voller Zuversicht gehen kann.

* * *

Gott wünscht,
auch mich als glückliches und fröhliches Wesen in dieser Welt
zu sehen.
Ich folge Seinem Willen.

* * *

Jetzt fühle ich mich mutig und stark,
denn ich habe meine Entscheidung getroffen.
Meine Gefühle sind geklärt,
und mein Blick richtet sich in fröhlicher Erwartung auf das,
was vor mir liegt.

* * *

Die Schöpfung achten

Ich ruhe in mir, und meine Seele wird wieder froh.
Die Vögel beginnen zu singen, und ein neuer Tag bricht an.
Die Welt wird von neuem geboren.
Ich wende mich Gott voller Dankbarkeit zu.

* * *

Ich sage Ja zu Ihm,
und ich genieße Seine ganze Vielfalt und Seine Erhabenheit
in allem, was ich wahrnehme.
Ich sage Ja, und das Leben antwortet mir,
indem es mich liebevoll umarmt.

* * *

Ich richte jetzt meine Aufmerksamkeit
auf die Vollkommenheit des Ganzen,
damit ich sie erfahre
und im Wissen um alles Schöne dazu beitrage,
dass das Göttliche in der Welt mehr und mehr seine
Wohnstatt findet.

* * *

Heute will ich die Schönheit der Welt sehen.
Ich werde nicht länger blind durch die Gegend hasten,
sondern alles mit wachen und liebevollen Augen wahrnehmen.

* * *

Heute will ich zuhören.
Ich werde wenig reden und den Menschen und den Tieren,
dem Wind und dem Wasser lauschen.

* * *

Ich vergegenwärtige mir,
dass Gott mir große Vollmacht und Verantwortung
übertragen hat
und von mir erwartet,
dass ich seiner Schöpfung dienlich bin.

* * *

Heute bitte ich Gott,
dass Er mir hilft, mein Herz für alles Schöne zu öffnen.

* * *

Von Licht erfüllt sein

Ich ruhe in mir.
Die Stille bringt mein Innerstes zum Leuchten.

* * *

Mein Inneres ist erfüllt von hellem Licht,
und ich mache es der Welt zum Geschenk.

* * *

Ich wende mich dem Ganzen zu, indem ich meinen Geist
auf die Bedürfnisse der Gemeinschaft richte.

* * *

Ich bin in dieser Welt, um ihr zu helfen, lichter zu werden,
und die Welt hilft mir, ich selbst zu sein.

* * *

Das alles Verbindende ist die Liebe.
Ich habe so viel davon, dass ich sie freudig verschenke.

* * *

Meine liebevollen Gedanken verändern die Welt.
Alles beginnt in mir und wird im Außen sichtbar.

* * *

Ich trage ein kleines Licht in mir.
Es beginnt zu strahlen, wenn ich beginne,
die Welt zu lieben.

* * *

Von Ängsten befreit sein

Wo auch immer ich bin – Gott ist mit mir.
Ich rufe Seinen Namen und empfange Seinen Segen.

* * *

Kein Sturm kann mein Haus erschüttern.
In Gott bin ich geborgen, in Ihm habe ich mein ganzes Sein.

* * *

Ich begreife, dass ich mich auf Gottes Wort allzeit
verlassen kann.
Mein Vertrauen erlöst mich von meinen Zweifeln und Ängsten.

* * *

Heute ist der Tag der Entscheidung.
Ich lasse jetzt alle Sorge und Unsicherheit los.
Ein freudiges Lachen erfüllt mich.
Ich fühle mich geborgen und
in vollkommener Sicherheit.

* * *

Heute werde ich mutig sein.
Ich werde etwas tun und sagen,
wozu mir bisher der Mut gefehlt hat.

* * *

Ich bin ohne Angst.
Mein Vertrauen in die Zukunft wärmt meine Seele
und schenkt mir Ruhe und Gelassenheit.

* * *

Heute ist für mich ein Tag voller Hoffnung,
ich glaube daran, dass alles gut wird.

* * *

In die Stille einkehren

Ich schicke meine Gedanken auf die Reise.
Ihr Weg führt zu Stille, Harmonie und vollkommenem Frieden.

* * *

Die Stille ist es, aus der ich geboren bin.
Und die Stille ist es, in die ich dereinst wieder einkehren werde.

* * *

Wo auch immer mich der Weg hinführt, dort wird
mein Ziel sein.

* * *

Heute will ich still sein,
in mir ruhen und mich an der Schönheit der Schöpfung erfreuen.

* * *

In mir ist Stille und vollkommene Harmonie.
Ich strahle Liebe, Frieden und guten Willen auf alle Wesen aus,
mit denen ich in Berührung komme.

* * *

Heute will ich, dass Stille in mich einkehrt
und dass sie durch nichts erschüttert wird.

* * *

Weil ich vertraue, bin ich ruhig und gelassen und weiß,
dass sich alles zum Guten wendet.

* * *

Ich träumte davon, dass mein Leben Freude sei.
Dann aber erwachte ich
und musste erkennen, dass es Pflicht war.
Unendlich schwer waren die Lasten,
und ich konnte sie kaum ertragen.
Aber dann begann ich,
meine Pflicht in Liebe zu tun, und konnte erkennen,
dass mir mein Leben zu unendlicher Freude wurde.

(nach Rabindranath Tagore)

Affirmationen für den Alltag

Dem Tag danken

Ich lasse noch einmal den heutigen Tag
vor meinem inneren Auge Revue passieren
und sage Dank für alles, was gewesen ist.

* * *

Heute war ein besonderer Tag,
erfüllt von unterschiedlichsten Aufgaben und Begegnungen.
Ich konnte lernen, was gut war und was hätte besser
sein können.
Ich weiß, was ich morgen zu tun habe.

* * *

Heute will ich nur Danke sagen
und mit Gedanken an die Liebe einschlafen.

* * *

Zufrieden blicke ich auf den heutigen Tag.
Ich danke für alles, was sich ereignete.
Ich ärgere mich nicht über das, was misslang,
denn ich weiß, dass es einen Grund dafür geben muss.

* * *

Jeder Tag bringt Neues und Besonderes hervor.
Ich weiß,
dass diese Welt schon morgen
etwas Wunderbares in mein Leben bringen wird.

* * *

Der Tag neigt sich dem Ende zu und ist schon fast vergangen.
Ich bedanke mich bei dem, was hinter mir liegt, und lasse
es ziehen.
Ich freue mich auf die Zukunft und werde sie
willkommen heißen.

* * *

Ich war heute ganz ich selbst,
souverän, friedvoll und neugierig auf das,
was mir begegnet ist.
Ich freue mich auf eine friedvolle Nacht.

* * *

Der Nacht danken

Mein Verstand ist klar, und ich bin im Einklang mit mir
und der Welt.
Ein neuer und wunderbarer Tag liegt vor mir.

* * *

Ich ruhe in meinem höchsten Selbst,
beschirmt von der unendlichen Weisheit dessen,
der alles geschaffen hat.
Ich danke der Nacht für den Schlaf, den sie mir schenkte.

* * *

Liebe erfüllt heute meine Seele und Frieden meinen Geist.
Göttliche Weisheit bestimmt mein Handeln.
Danke, dass es so ist.

* * *

Ich bin erfüllt von allumfassender Bewusstheit
und erkenne mehr und mehr den Sinn meines Lebens.
Heute ist der Tag, an dem ich auf das schaue,
was vor mir liegt. Ich sehe meinen Weg
in strahlendem Sonnenschein vor mir.

* * *

Ich will heute tanzen und glücklich sein
und das Leben preisen.

* * *

Die Nacht nahm allen Druck von mir.
Heute begegne ich allem unbelastet von Vergangenem.

* * *

An diesem wunderbaren neuen Morgen begrüße ich alles,
was sein wird, und werde das Beste daraus machen.

* * *

Das Heute leben

Ich gebe dem heutigen Tag die Chance,
der schönste meines Lebens zu sein.

* * *

Ich weiß, dass alles, was ich heute benötige, in mir ist.

* * *

Heute hebe ich alte Begrenzungen auf und bin frei
zu empfangen, was mein Schicksal für mich bereithält.

* * *

Was immer ich in meinen Träumen ersehne,
ist mir während des Tages nahe.

* * *

Weil alles zu unserem Besten vorbereitet ist,
beginne ich den heutigen Tag mit Zuversicht und Ruhe.

* * *

Ich entscheide, diesen Tag
im Bewusstsein meiner Möglichkeiten zu verbringen.

* * *

Ich befreie mich von der Vergangenheit
und wende mich dem Heute zu.

* * *

Die eigene Welt neu gestalten

Ich schätze meine Freunde, weil wir das gleiche Ziel haben.
Ich fühle mich in ihrer Gemeinschaft wohl.
Ich bin stark, selbstbewusst und außerordentlich erfolgreich.

* * *

Einst träumte ich von einer besseren Welt.
Jetzt ergreife ich die Gelegenheit, mir meine Welt neu
zu gestalten.
Ein neuer Himmel ist auch immer eine neue Erde.

* * *

Vater Himmel und Mutter Erde schufen alles, was ist,
dass ich glücklich bin.
Damit sie an mir Wohlgefallen finden,
ehre ich sie jeden Tag neu.

* * *

Geführt von der schöpferischen Allmacht, bin ich
mit meinesgleichen die Hoffnung der neuen Zeit.
Ich stehe mit beiden Beinen auf der Erde
und erhebe mich im Geiste gen Himmel.

* * *

Ich ruhe in mir.
Dieser Gedanke hat die Macht, die Wahrheit in mir
zu erwecken.
Sie wartet darauf, dass ich sie als wirklich anerkenne.
In ihr finde ich das Glück des Himmels und der Erde.

* * *

Ein neuer und wunderschöner Tag liegt vor mir,
glücklicher als je einer zuvor.
Ich begrüße ihn mit Dankbarkeit und Freude im Herzen.
Ich stimme mich auf meine Aufgaben und auf alles,
was ich heute erleben werde, ein.
Jede wünschenswerte Situation werde ich jetzt
vor meinem geistigen Auge vergegenwärtigen.

* * *

Ich erstrebe einen umfassenden Sinneswandel,
und so will ich mich der Liebe hingeben.
Ich denke an das, was gut und was erstrebenswert ist.
Ich denke Großes, und Großes wird sein.
Der Friede in meinem Herzen wird sichtbar
als Gesundheit, Lebensfreude und Glück.

* * *

Jung bleiben

Die beste Vorbereitung auf die fortgeschrittenen Jahre
sind meine jugendlichen Gedanken.
Ich anerkenne jeden Lebensabschnitt.

* * *

Im Herzen und im Geist bleibe ich jung,
auch wenn meine Hülle schwindet.

* * *

Ich genieße meinen Ruhestand.
Ich habe jetzt Zeit für mich und all das,
was ich schon immer unternehmen wollte.
Freudig sage ich Danke für die mir geschenkte Zeit.

* * *

Mein Interesse am Leben und die Beweglichkeit in
meinem Denken
halten mich jung und vital.
Ich lebe mein Sein
in vollem Bewusstsein meiner Verantwortung für mich selbst.

* * *

Jung im Herzen und voller Lebensfreude fülle ich auch meine
späten Jahre mit Aktivität und Heiterkeit.
Ich bin mir bewusst, dass ich ein Vorbild für die Jugend bin.

* * *

Ab heute will ich die Geschenke meines Alters in
Dankbarkeit annehmen,
denn der Herbst meines Leben schenkt mir die
Rosen der Geduld,
die Freiheit in meiner Zeiteinteilung
und die Weisheit meiner Lebenserfahrung.
Ich nütze diese Gaben auf positive Weise für mich und andere.

* * *

Die Zeit hat ihren Zwang für mich verloren.
Ohne Reue darf ich mir nun die Wünsche erfüllen,
für die in meinen jungen Jahren keine Zeit zur
Verfügung stand.

* * *

Mutig sein

Ich schreite mutig voran
und gestalte im Bewusstsein meiner Möglichkeiten meine Welt.

* * *

Ich bin ich,
und das heißt stark und souverän.
Ich bin mutig und voller Tatendrang.

* * *

Ich will unerschrocken und in allem, was ich tue, mutig sein.
Ich will mich lieben, wie ich bin,
strahlend und voller Lebenskraft.

* * *

Ich weiß, Gottes Winde wehen überall,
und ich muss nur lernen, die Segel richtig zu setzen.
Ich habe mich für das Glück entschieden,
und so bin ich voller Vertrauen.

* * *

Liebe ist meine stärkste Lebenskraft.
Ich liebe mich und meine Mitmenschen.
Mit Mut und Vertrauen schreite ich voran.

* * *

Die grauen Schatten der Angst haben ihre Macht verloren.
Mit Zuversicht gehe ich meinen Weg im Licht der Liebe.

* * *

Die Macht Seiner Liebe begleitet mich.
Mir kann kein Leid geschehen.
In Gottes Schutz bin ich sicher und geborgen.

* * *

Besser und leichter lernen

Ich lerne gerne.
Ich bin wie ein neuer Computer, der darauf wartet,
dass seine Speicher mit Informationen gefüllt werden.

* * *

Meine Kapazität ist riesengroß, und es macht mir Spaß,
Wissen in mich aufzunehmen.
Wann immer es abgerufen wird,
steht es mir augenblicklich zur Verfügung.

* * *

Alles Erlernte kann ich vollständig
und zu jeder Zeit aus meinem Gedächtnis aufsteigen lassen.

* * *

Ich bin offen für das Wissen der Welt.
Ich genieße die Verblüffung der Lehrer
und meiner Mitlernenden über mein gutes Gedächtnis.

* * *

Ich bin bei allem, was ich tue, konzentriert
und fokussiere meinen Geist auf mein Ziel.
Alles, was ich lerne, prägt sich sofort
und unauslöschlich in mein Gedächtnis ein.

* * *

Meine Konzentration steigert sich von Tag zu Tag.
Lernen macht mir große Freude.

* * *

Es ist ganz leicht zu lernen,
ich brauche nur gelöst und entspannt zu sein
und Interesse am Lehrstoff zu haben.
Alles andere geht nahezu von allein.

* * *

Vergeben und Verzeihen

Liebe ist es, in der ich mir selbst vergeben habe.
Liebe ist es, in der ich meine Heilung gefunden habe.
Liebe segnet mich, heute und in Ewigkeit.

* * *

Wenn ich in Liebe verzeihe,
dann bin ich frei, und auch mir ist vergeben worden.

* * *

Ich lasse jetzt all meine Handlungen und all meine Gedanken
von vergebender Liebe erfüllt sein.

* * *

Durch mein Verzeihen kommt Glück und Freude
in mein Leben.
Der Friede in mir heilt mich und meine Welt.
Ich vergebe mir und anderen.

* * *

Ich verzeihe (......*).
Ich verzeihe ihr/ihm alles, von dem ich denke,
dass es nicht in Ordnung gewesen ist.
Ich weiß, dass Zorn und Unfrieden
auf Missverständnissen beruhen,
deshalb verzeihe ich auch mir, unzufrieden gewesen zu sein.
Ich verzeihe mir und ihr/ihm,
weil wir uns nicht wirklich verständigen konnten.

* * *

Ich erkenne meine eigenen Unzulänglichkeiten,
und aus dieser Erkenntnis heraus
empfinde ich Verständnis
und habe keine Schuldzuweisungen anderen gegenüber.

* * *

Ich lasse das Gestern hinter mir, mit all seinen Zwistigkeiten und kleinen Mängeln, und schlage eine neue Seite im Buch des Lebens auf.

* * *

* Name der Person einsetzen

Zufriedenheit verspüren

Ich lasse viele Bilder der Zufriedenheit
vor meinem inneren Auge entstehen.

* * *

Wenn ich an das Gute glauben kann,
dann wird die Schöpferkraft in mir
alles Nötige zu meinem Wohlergehen bereitstellen.

* * *

Ich will dankbar sein, dass ich gesund bin,
dass ich zufrieden bin und dass ich im Bewusstsein
meiner Kraft ein erfülltes Leben führe.

* * *

In Liebe und Harmonie wende ich mich heute dem zu,
was gut ist.

* * *

Ich entscheide heute,
ein glücklicher und zufriedener Mensch zu sein.

* * *

Was auch immer mein Gegenüber bedrückt,
ich helfe ihm, zu erkennen,
dass die Gerechtigkeit und die Weisheit des Schöpfers
in allem ist und durch alles wirkt.

* * *

Ich habe alles, was ich wirklich brauche,
und was auch immer ich benötige –
es wird zur rechten Zeit und in der richtigen Form
in mein Leben kommen.

* * *

Im Tempel meiner Seele
wohnen Liebe und Geduld,
Vertrauen, Zuversicht und Güte,
Fröhlichkeit im Herzen
und Frieden und Dankbarkeit.
In all meinen Gedanken, Worten und Werken
gehe ich den Weg der Wahrheit.

Affirmationen für ein Leben in Harmonie

Eine bessere Welt entstehen lassen

Ich erkenne, dass Probleme eine Herausforderung sind,
meine alten Muster zu verlassen,
um einen neuen Himmel
und eine neue Erde zu kreieren.

* * *

Mit Liebe und Besonnenheit wende ich mich meinen
Mitmenschen zu.
Ich verbreite Harmonie und Zuversicht.

* * *

Ich liebe das Leben,
ich liebe mich,
ich liebe die Menschen.

* * *

Ich bin geführt aus der unergründlichen Tiefe meines Selbst.

* * *

Mein Wunsch,
meinen Mitmenschen nach bestem Wissen und Gewissen
zu dienen, ist mir heilig.
Ich stelle von nun an das Wohl des Ganzen
über das meine und diene so als Vorbild für alle.

* * *

Weil Friede in mir ist, sehe ich meine Welt in Schönheit
und Harmonie.
Das Licht in meinem Geist ist die Erinnerung an den Himmel.
Es erleuchtet mein Hier und Jetzt.

* * *

Vor meinem inneren Auge sehe ich eine fröhliche Welt.
Ich blicke auf die Menschen dieser Erde, die in
friedlichem Miteinander
und gegenseitigem Verständnis leben.

* * *

Sich von der Vergangenheit lösen

Es ist gut, das, was war, loszulassen,
damit Platz entsteht für das Neue, das werden will.
Ich bin eins mit diesem Gedanken.

* * *

Was dereinst gewesen ist, wird erlöst und ist nicht mehr,
wenn ich ihm keine Bedeutung mehr beimesse.
Ich freue mich über diese Erkenntnis.

* * *

Ich bin die Summe meiner Erfahrungen.
Ich erlöse meinen Ärger
und wandle ihn in Gelassenheit.

* * *

Alles, was war,
hat mich zu dem werden lassen, der ich heute bin,
ein verantwortungsbewusster Mensch,
erfolgreich im Beruf und in der Gesellschaft.
Deshalb kann ich heute mit Leichtigkeit
die Vergangenheit in Frieden entlassen.

* * *

Ich lasse Vergangenes los,
damit Platz für Neues entsteht.

* * *

Ich weiß, dass ich zum Ausdruck bringe, was mich zuvor
beeindruckt hat.
Was ich aber eingeladen habe, das kann ich auch
wieder ausladen.
Ich entlasse jetzt (......*) aus meinen Gedanken.

* * *

Ich übergebe nun alles Alte dem Vergessen,
damit in mir der Raum entsteht
und meine Welt in neuem Licht auferstehen kann.

* * *

* Die betreffende Sache oder Person benennen

Den Tag positiv gestalten

Heute will ich die Liebe kennen lernen,
und ich werde sie überall finden.

* * *

Heute will ich mit meinem Lächeln meine Mitmenschen
erfreuen.

* * *

Heute will ich mich bemühen, allen zu verzeihen.

* * *

Heute will ich meine Gedanken zur Liebe lenken.
Ich sehe sie überall dort,
wo ich sie bisher nicht wahrgenommen habe.

* * *

Heute will ich versuchen,
in jedem Menschen nur Gutes zu sehen.

* * *

Heute will ich alle negativen Gedanken loslassen
und mich an das Gute in meinem Leben erinnern.

* * *

Heute ist ein freudiger Tag,
und ich bin einfach nur glücklich und fröhlich.
Ich gebe mich der Liebe hin,
und so wird dieser Tag zum schönsten meines Lebens.

* * *

Großzügigkeit walten lassen

Ich habe mich für ein erfolgreiches
und großherziges Leben entschieden.

* * *

Ich bin eine starke Persönlichkeit.
Mein Zusammenleben mit anderen ist harmonisch
und vom innigen Wunsch erfüllt, wohltätig zu sein.

* * *

Ich bin Gott dankbar, dass Er mich geschaffen hat
und dass meine Anwesenheit anderen Menschen Nutzen bringt.

* * *

Ich lebe ein friedliches Leben in Wohlstand
und habe den Wunsch,
auch andere daran teilhaben zu lassen.

* * *

Ich erhöhe mein Selbstwertgefühl,
indem ich wahrhaftig und gerne gebe.

* * *

Einer trage des anderen Last.
Ich fühle mich vom Schicksal verwöhnt, und mir wurde
mehr gegeben,
als ich zum Leben benötige.
Aus Dankbarkeit für mein Wohlergehen gebe auch ich
mit Freude und aus vollem Herzen.

* * *

Jeden Tag vollbringe ich eine gute Tat
und helfe einem anderen,
der in Not ist.

* * *

Innerlich rein sein

Ich richte jetzt meine Aufmerksamkeit
auf die himmlische Ruhe in mir
und erkenne,
dass mein Glück in der Wahl meiner Gedanken liegt.

* * *

Ich öffne mein Herz der allumfassenden Liebe.
Ich habe mich entschlossen,
sie für alle Zeit zu meinem Begleiter zu wählen.

* * *

Ich trenne mich heute von überholten Gedanken
und strebe nach innerer Reinheit, Freiheit und Frieden.
Ich wähle nun
freundliche Gedanken und liebevolle Gefühle.

* * *

Nicht den Erwartungen anderer will ich genügen,
sondern sein, wie Gott mich will.
Ich weiß, ich bin in meinem Innersten wie Er,
aus Ihm habe ich mein Sein.

* * *

Ich versenke mich in mein göttliches Selbst
und lasse Gottes Weisheit mein Dasein lenken.

* * *

Ich bin in Frieden mit mir selbst,
und es geschehen Wunder über Wunder.

* * *

Liebe erfüllt meine Seele,
und Frieden hat in meinem Herzen seine Wohnstatt gefunden.

* * *

Ordnung schaffen

»Kosmos« heißt Ordnung,
und sie drückt sich in der gesamten Schöpfung aus.
Ich schaffe Klarheit in meinem Leben
und ordne so mein gesamtes Sein.

* * *

Ich beauftrage jetzt mein Unterbewusstsein,
dafür Sorge zu tragen,
dass rechte Gedanken, rechte Worte und rechte Handlungen
von mir ausgehen.

* * *

Ich spüre in meinem Inneren Vollkommenheit,
und sie findet durch mein Leben ihren Ausdruck in der Welt.

* * *

Ich strahle Ruhe und Liebe auf meine Mitmenschen aus.
Ich danke dem Schöpfer, dass Er mir meine Freiheit
gegeben hat.
Ordnung und Bewusstheit
sind meine hervorragenden Charaktereigenschaften.

* * *

Ich schaffe Ordnung in meinem äußeren Leben,
damit sich in meinem Innersten
Klarheit einstellen kann.

* * *

In mir sind Ordnung und Klarheit.
Ich mache sie der Welt zum Geschenk.

* * *

Heute will ich tätig sein.
Alles Liegengebliebene werde ich erledigen,
indem ich im Innen und im Außen aufräume.

* * *

Positiv denken

Ich will mich an allem erfreuen,
weil Gott in allem lebt und
Seine Natur die Freude ist.

* * *

Ich bin ein Magnet für alles Gute.
Um mich sammeln sich freundliche Menschen,
weil ich liebenswürdig und anziehend bin.
Ich weiß um das Gesetz,
dass Gleiches sich zu Gleichem gesellt.

* * *

Ich ergreife jetzt Gottes Hand, und meine Gefangenschaft
hat ein Ende.
Jeder Augenblick ist erfüllt von hoffnungsvollen Gedanken
und vom Bewusstsein meines Seins in Ihm.

* * *

Ich erkenne, dass tief in mir alles liegt,
was vollkommen ist,
und es jetzt bereit ist, in mein Bewusstsein zu treten.

* * *

Ich entscheide mich, in jeder Situation das Gute zu sehen.

* * *

Ich schaue mit einem Lächeln auf alle Menschen,
denn ich weiß,
dass ich die Welt mit meiner Liebe ein wenig
schöner machen kann.

* * *

Ich bin gut und glaube an mich.
Ich glaube an das Gute in der Welt und daran,
dass es auch mir immer wieder begegnen wird.

* * *

Unbeschwert genießen

Von einem Lächeln geht ein wunderbarer Zauber aus.
Ich lächle, weil mein Ziel erreicht ist.
Ich lebe ohne Last.

* * *

An Gottes Hand gehe ich einer sicheren Zukunft entgegen.

* * *

Mein Leben ist leicht und unbeschwert,
weil ich ab heute jeden Tag von Herzen lachen kann.

* * *

Heute beginne ich mit einer lebensfrohen Einstellung
allem gegenüber,
was mir begegnen wird.

* * *

Beschwingt und heiter lebe ich in dieser Welt.
Auch ich darf fröhliche Feste feiern und mein Dasein genießen.

* * *

Frei, heiter und wohlgemut gestalte ich meine Tage.

* * *

Heute will ich lachen,
unbeschwert und froh diesen Tag erleben.

* * *

Sich selbst überwinden

Heute will ich großzügig sein und verzeihen.
Ich will mich überraschen lassen, welche Freude mir das bringt.

* * *

Ich weiß, dass meine Eltern mich geliebt haben,
auch wenn ich nicht immer liebevoll zu ihnen war.
Sie haben mich geliebt,
auch wenn ich nicht immer ihren Wünschen gerecht wurde.
Ich stelle jetzt Harmonie und Frieden
in ihrem und meinem Geiste wieder her.
Ich bin geliebt, ich liebe mich,
und ich gebe auch ihnen von dieser Liebe.

* * *

Heute mache ich ganz bewusst jemandem eine Freude,
ohne Erwartungen zu haben.
Ich will nur geben und empfinde tiefe Freude dabei.

* * *

Aus der Weisheit meines Herzens erkenne ich
meine tiefe und liebevolle Verbundenheit mit allen Menschen.

* * *

Ich weiß, dass meine Mutter und mein Vater mich lieben.
Auch wenn ihre Art der Liebe
nicht immer meinem Verständnis entsprochen hat,
so weiß ich doch, ich bin geliebt.
Ich weiß, dass hinter ihrer Strenge Liebe verborgen ist.
Ich liebe meine Eltern so, wie sie sind.

* * *

Heute will ich um Frieden bitten,
damit ich und die Welt liebevoller werden.

* * *

Ich überwinde mich selbst und die Enge meines
egoistischen Denkens.
Ich gehe als Erster auf (......*) zu
und setze ein Zeichen der gegenseitigen Verständigung.
Damit öffne ich eine Tür
und schaffe die Basis für unsere Versöhnung.

* * *

* Name einsetzen

Es war einmal ein indischer Heiliger. Seine Schüler fragten immer und immer wieder, wie lange sie noch studieren müssten, bis sie Meister sein würden wie er. Eines Tages demonstrierte der heilige Mann einem seiner Novizen auf anschauliche, aber ein wenig drastische Weise, wie dieser selber zu einem Weisen werden würde.

Der Guru tauchte seinen Schüler in den heiligen Fluss Ganges. Er hielt den Kopf des jungen Mannes so lange unter Wasser, bis dieser voller Not sich nichts sehnlicher wünschte, als wieder atmen zu können. In letzter Sekunde ließ der Meister seinen Schüler frei und fragte ihn: »Was hast du dir soeben am allermeisten gewünscht, als du mit deinem Kopf unter Wasser warst?« »Luft, Luft, ich wollte nur noch atmen«, war seine Antwort.

Der Meister sagte:

»Wenn du dich so sehr nach Wissen sehnen wirst, wie du dir soeben die Luft zum Atmen gewünscht hast, dann wirst du sein wie ich.«

(nach einem unbekannten Verfasser)

Affirmationen für spirituelles Wachstum

Man selbst sein

Ich bin reich und intelligent,
zuverlässig und freundlich.

* * *

Ich bin stark und erfolgreich
bei all meinen Unternehmungen.

* * *

Ich bin Liebe.

* * *

Ich bin dankbar,
dass ich lieben und Liebe empfangen darf.

* * *

Ich bin dankbar für meine Freunde.

* * *

Ich bin mir meiner selbst bewusst.

* * *

Ich bin gesund und voller Freude.

* * *

Geistig erwachen

In mir ist alles, was ich wissen muss.
Ich danke für diese Erkenntnis und bitte um mein Erwachen.

* * *

Ich bin Geist auf dem Weg zum höchsten Bewusstsein.

* * *

Ich sehne mich so sehr nach Weisheit.
Ich erhalte Einsicht in das Herz der Dinge.

* * *

Wie die Lotosblume sich
voller Schönheit und Hingabe der Sonne öffnet,
so will auch ich mich jetzt dem Licht hingeben,
das heller ist als tausend Sonnen.

* * *

Ich weiß, dass Gott und die Welt eins sind
und dass diese Erkenntnis mich erwachen lässt.

* * *

In einem erwachten Geist ist grenzenlose Liebe.
In einem erwachten Geist ist grenzenloses Vertrauen.
In meinem Geist ist die Stärke, auf die ich jetzt bauen kann.

* * *

Gott hilft mir, von alten Glaubenssätzen frei zu sein,
und ich erkläre nun meine Bereitschaft,
Ihm auf dem Weg in mein Erwachen zu folgen.

* * *

Den Schöpfergeist begreifen

All meine Erfahrungen dienen meinem
geistigen Wachstum.

* * *

Ich habe mich für das Glück entschieden
und gehe den Weg der eigenen Verantwortung.

* * *

Das Licht, das ich sehe, kommt von Gott.
Es leuchtet mir auf meinem Weg und erhellt meine Welt.

* * *

Alle Lebewesen sind der Eine Geist,
der keinen anderen neben sich hat.
Über mir, unter mir und um mich herum
ist alles aus Geist geschaffenes Sein,
deshalb gibt es nichts außerhalb des Schöpfergeistes.

* * *

Wenn ich mich mit dem Schöpfer eins fühle,
bin ich jenseits der Zeit, und auch der Ort ist ohne Bedeutung.

* * *

Ich beginne,
das Wesen Gottes zu ergründen,
denn ich weiß,
dass alle Liebe aus Ihm strömt.

* * *

Ich lasse mich auf die Welt ein,
damit ich erfahre, was ihr Weg und ihr Ziel ist.

* * *

Die Unschuld wieder entdecken

In der inneren Versenkung erhebe ich mich zum Himmel,
um all jenen zu begegnen, die zur gleichen Zeit beten.

* * *

Indem ich mich für Liebe, Frieden und Glück entscheide,
habe ich gewählt, was mir dienen soll.
Indem ich mich für Liebe, Frieden und Glück entscheide,
habe ich gewählt, wem ich dienen soll.

* * *

Mein Geist ist erfüllt
von Reinheit und kindlicher Unschuld.

* * *

Meine Augen sind der Spiegel meiner Seele,
und sie strahlen mit Liebe auf meine Welt.

* * *

Mit meinem Bewusstsein löse ich die Begrenzungen
der Zeit auf.

* * *

Ich gehe einen Schritt voran und wähle den Weg,
der mir Freiheit und Erlösung bedeutet.

* * *

Ich erhebe mich im Geiste,
bis Vergangenheit, Gegenwart und Zukunft eins werden
und mir so eine neue Einsicht der Dinge zuteil wird.

* * *

Egoistisches Denken aufgeben

Ich will von meinen egoistischen Bestrebungen zurücktreten
und Gott die Führung überlassen.

* * *

Die Weisheit in mir lässt mich erkennen,
dass ich nur so lange überfordert werde,
bis ich mein gewaltsames und störrisches Tun aufgebe
und mich dem Fluss des Lebens anvertraue.

* * *

Mein Vertrauen führt mich zu Orten des Friedens,
wo ich mit Gewissheit in der Gnade bin.
Ich lege meine Zeit in Gottes Hand und weiß, dass alles gut ist.

* * *

Was aus dem Eigensinn kommt, kann niemals meine
Erlösung sein.
Ich unterscheide die Stimme meines Willens
von der Stimme Gottes,
die in meinem Herzen zu mir spricht.

* * *

Nur die Enge meines egoistischen Denkens lässt mich leiden.
Weil ich dies erkannt habe,
handle ich mehr und mehr im Sinne des Ganzen.

* * *

Es gibt keine Quelle außer Gott, und es gibt nichts,
was mich von Ihm trennen könnte.
Von nun an handle ich nach dieser Erkenntnis.

* * *

Indem ich von allem Wollen loslasse,
vertraue ich Gott voll und ganz und begebe mich in
Seine Obhut.

* * *

Weisheit erlangen

Ich vertraue auf die rechte Führung
und lausche der Weisheit in meinem Inneren.

* * *

Wogegen ich mich verteidige, das wird wirklich für mich.
Erst wenn ich meine Waffen niederlege,
werde ich erkennen, dass ich unverletzlich bin.

* * *

All meine Erfahrungen dienen meiner spirituellen
und intellektuellen Entwicklung.
Ich bilde mich jeden Tag fort.

* * *

Ich kann meine Gedanken frei wählen,
wann und wo immer ich es will.
Ich weiß, dass hier der Beginn meiner Freude
am ewigen Leben liegt.

* * *

Ich überantworte mein Leben
der unendlichen Weisheit des wachen und bewussten
Geistes in mir.
Ich handle sicher aus der Weisheit meiner Mitte heraus.

* * *

Ich richte meine Aufmerksamkeit auf die Vollkommenheit
des Ganzen,
damit ich sie erfahre und im Wissen um Gottes Herrlichkeit
dazu beitrage,
dass das Göttliche in der Welt seine Wohnstatt finde.

* * *

Das große Licht der göttlichen Weisheit
durchströmt mein Sein.
Ich will es richtig verwenden,
um Diener der Menschheit und unseres Planeten zu sein.

* * *

Sich mit Gott wieder vereinigen

In Seiner Liebe gibt Er mir von Seiner Schöpferkraft.
Diese Liebe ist mein Leben in Seiner Obhut
und zugleich auch in eigener Regie.

* * *

Ich ruhe in mir.
Weil Gott mich berufen hat, mich mit Ihm zu verbünden.
Ich habe Ihn gehört und bin gekommen.

* * *

Er ist es, dem ich mein Leben widmen will,
und Seine Liebe ist es, die ich schenke,
damit die Welt erlöst wird.

* * *

Gott ist alles, und wenn ich ein Teil des Ganzen bin,
habe ich auch Teil an Ihm.
Gott und die Schöpfung sind eins.
Und so bin auch ich ein Teil Gottes,
weil ich ein Kind der Schöpfung bin.

* * *

Das Göttliche ist immer zugegen.
Ich hebe jetzt meine Trennung von Gott
in meinem Denken auf.

* * *

Ich bin das Instrument, auf dem Gott sein Lied spielt.
Ich bin Sein Gedanke und Sein Wort.
Ich bin von Seinem Geist erfüllt.

* * *

Meine liebevolle Aufmerksamkeit gilt der Welt
und dem, der über allem steht.

* * *

Die Wunder des Lebens erfahren

Meine Tage sind voller Wunder,
ich spüre Gottes Liebe in mir und überall in der Welt.
Was immer ich beginne, führe ich zum Erfolg.

* * *

Heute beginnt für mich die Zeit der Wunder.
Ich zweifle nicht länger an mir selbst.

* * *

Ich habe ein Anrecht auf Wunder.
Wunder geschehen, wenn ich mein Denken dem
Guten zuwende.

* * *

Ich halte mein Bewusstsein zum Höchsten erhoben
und achte auf die wunderbaren Ereignisse,
welche mir heute begegnen.

* * *

Ich bin mir gewiss, dass meine Worte gehört wurden,
und lausche der Antwort.

* * *

Was ich erbitte, ist Gottes Wille,
und er erfüllt sich jetzt mit Sicherheit.
Das Einzige, was ich dazu tun muss, ist, an Gott zu glauben.

* * *

Ich bin frei und sicher,
klar und erfolgreich in allen Belangen des Lebens.
Die Liebe, die ich meinen Mitmenschen entgegenbringe,
kehrt vermehrt zu mir zurück und lässt mich
die Wunder des Lebens erkennen und erfahren.

* * *

Werden und Vergehen

Ich erkenne mein Einssein mit der Schöpfung,
und gesunde an Körper, Geist und Seele.

* * *

Ich weiß, dass Kranke sich selbst heilen müssen.
Indem ich die Wahrheit suche,
betrete ich den Weg der Heilung.

* * *

Das Licht der Wahrheit leuchtet so hell,
dass ich es nicht verfehlen kann.
Ich erinnere mich an mein Sein in Gott.

* * *

Mein Leib ist nur eine Zuflucht in der Zeit,
er kann mir niemals Freiheit schenken.
Ich erkenne, dass meine wahre Natur der Geist ist,
der von Gott stammt.

* * *

Weltliches hilft mir, meine Aufgaben in der Welt zu erfüllen,
aber wirkliches Glück kann ich nur in mir selber und
in Gott finden.

* * *

Ich kann nur frei sein, wenn ich in dem,
was jenseits der Welt sein Zuhause hat,
meine wahre Heimat wiederentdecke.

* * *

Mehr und mehr werde ich mir bewusst,
dass Leben und Sterben ein und dasselbe sind.
Die Geburt in dieser Welt war mein Tod in einer anderen.
Die Geburt in ein anderes Dasein wird der Tod in dieser
Welt sein.
Alles ist Anfang und Ende gleichermaßen.
Alles ist ewiges Werden und Vergehen.

* * *

Nachwort

Liebe Leserin, lieber Leser!

Jetzt, da Sie Meister in der Kunst des Affirmierens geworden sind, wünschen wir Ihnen, dass Ihre Hoffnungen so bald wie möglich in Erfüllung gehen. Sie können die Kraft Ihrer heilenden Gedanken noch verstärken, indem Sie einzelne Sätze der Affirmationen auf ein Blatt Papier schreiben und dieses über einen längeren Zeitraum so nahe wie möglich bei sich haben, etwa in Ihrer Brusttasche, in Ihrem Auto, unter Ihrem Kopfkissen, in Ihrem Portemonnaie oder an jedem anderen Aufbewahrungsort, der Ihnen lieb ist.

Durch das Affirmieren sind Sie nun in der Lage, Ihr Leben in eigener Regie so zu gestalten, wie Sie es schon immer wollten. Wir wünschen Ihnen dabei den größtmöglichen Erfolg und hoffen, dass wir uns einmal persönlich begegnen, irgendwo in dieser schönsten aller Welten.

Ihr
Erhard F. Freitag

Ihre
Hildegard Michel

Danksagung

Ganz besonders herzlich möchten wir uns bei Ingo Albers und Torsten Schmitt bedanken, die uns mit ihren guten Ratschlägen inspiriert haben, bei der Kollegin Birgit Weber, die mit ihren partnerschaftlichen Affirmationen geholfen hat, dieses Buch zu vervollständigen, und bei den Mitarbeiterinnen Birgit Kiermaier und Margit Ehrchen, denn es war ihre Qualifikation, welche es erst ermöglichte, dass wir dieses Buch zuwege gebracht haben.

Wenn Sie Interesse an Vorträgen und Seminaren mit Erhard F. Freitag haben, wenden Sie sich bitte an:

Seminarorganisation Margit Ehrchen
Postfach 71 08 50 – 81458 München
Tel. 089 790 15 25 – Fax 089 790 13 56
E-Mail: infode@efreitag.com
www.efreitag.com